혼자 있어도 외롭지 않게

혼자 있어도 외롭지 않게

내성적이고 예민한 사람들을 위한
심리 수업

정교영 지음

샘터

모든 인간의 삶은

자기 자신에게로 이르는 길이다.

－헤르만 헤세,《데미안》

글을
시작하며

+

잔잔한 물은 흐르는 물보다 깊으며

우리의 평온한 겉모습은 그 아래에서 벌어지는

수많은 일을 가리는 덮개일 때가 많다.

– 소피아 뎀블링,《나는 내성적인 사람입니다》

그동안 소현 씨는 남들보다 주변 사람들로부터 늘 성실하고 착실하다는 말을 듣고 대인관계도 무난해 자기 자신을 크게 나무랄 데 없이 자란 평범한 사람이라고 믿어왔다. 하지만 20대 중반을 넘어 본격적인 사회생활을 시작하면서, 자기 자신에게 당황할 때가 많아졌다. 신입으로서 업무에 적응하기도 힘든 상황인데, 바쁘게 돌아가는 업무 환경에 무조건 빨리 적응해서 빠릿빠릿하게 움직여야 했다. 바쁘게 일하는 동료나 상사에게 물어볼 타이밍을 놓치기 일쑤였고, 몇 번 반복해서 물어보면 "방금 알려줬는데 아직도 이해가 안 되냐? 그렇게 느려서 어떡하나?"면서 짜증 섞인 핀잔을 듣곤 했다.

빠른 시일 내에 당당한 태도와 능력을 보여줘야 한다는 압박이 심해지면서 종종 머릿속이 하얘지고 말을 더듬거리기까지 하였고, 그런 자신을 이상하다는 듯이 바라보는 사람들의 눈빛과 표정을 볼 때마다 사라져버리고 싶을 정도로 두려웠다. 알던 것도 제대로 말을 못하고, 할 수 있는 일에도 실수가 잦아지며, 더 위축되고 우울해졌다. 만회해보려고 늦은 밤까지 야근을 하고 밤잠을 줄여가며 일을 배우고 연습했지만 다음 날에도 어김없이 실수가 반복되었고, 사람들의 지적과 비난은 점점 심해져갔다.

오랜 구직활동 끝에 어렵게 얻은 직장인데 이대로 포기해서는 안 된다는 생각과 더 이상 버티지 못하겠다는 생각 사이에서 혼란스러웠고, 지금의 고통이 영원히 끝나지 않을 것 같은 생각에 괴로웠다. 이러한 혼란과 갈등 속에서 매일 밤 설치며 자학하며 보내던 어느 날, 몰라보게 살이 빠져 있는 낯선 자신을 보고 위기를 느꼈다.

이 책을 쓰게 된 계기는 나를 비롯한 많은 내향인들이 살아오면서 겪은 수많은 고충과 상처들이 내향성에 대한 오해와 편견에서 비롯되었음을 알리고 싶은 생각에서 시작되었다. 사람들이 성격에 대해 운운할 때 가장 많이 사용하는 단어가 '내향성'과 '외향성'이다. 가장 쉽게 분류할 수 있는 대표적인 키워드이고, 군이 성격 테스트를 하지 않아도 대강 짐작할 수 있을 정도로 인식하기 쉽기 때문이다. 하지만, 한 사람의 성격을 전체적으로 혹은 통합적으로 이해해보려는 충분한 시도 이전에, '제가 좀 내성적이라서요' 혹은 '당신은 내성적인 사람이군요'라는 식으로 단순하게 섣부른 판단을 내리는 경우가 많다.

다양한 성격 측면을 고려하지 않고, 내향성-외향성이라는 이분법적인 틀로 이해하고 쉽게 판단하려고 할 때, 여러 가지 오해와 편견이 생길 수 있다. 인간이라는 존재는 눈에 보이는 겉모습만으로 쉽게 판단할 수 있을 만큼 그렇게 단순하지 않다. 극단적인 내향인이나 극단적인 외향인보다는, 내향적이면서도 외향적인 특성을 가지고 있거나, 외향적이면서도 내향적인 특성을 지닌 사람들이 훨씬 더 많다. 정도의 차이일 뿐 누구나 두 가지 특성을 지니고 있으며, 내향성-외향성 연속체상에 위치해 있다는 것이다.

상담을 하다 보면, 내성적인 성격을 탓하며 스스로를 비난하는 사람들을 자주 보게 되어 안타까울 때가 많다. 내향성과 외향성이라는 특성은 무엇이 더 좋고 나쁘다가 아니라 그저 서로 다른 특성일 뿐이다. 그럼에도 불구하고 내향성과 외향성을 공평하지 않은 시선으로 바라보는 게 사실이다.

외향적인 성격을 선호하는 사회에서 살아가는 우리들은 내향적인 성격에 대해 '소심한, 수줍음이 많은, 예민한, 고립된, 사람들과 어울리지 못하는' 등의 부정적인 수식어를 달면서 이 사회에 적응하기에는 부족하고 부적절하다는 인상을 품고 있다. 이렇게 내향적인 성격을 결핍의 문제로 보거나 병리적으로 바라보는 부정적인 시선이 지배적인 사회 분위기를 고려해본다면, 내향인으로 살아간다는 것이 생각보다 쉽지 않다는 것을 짐작해볼 수 있다.

이 책은 내향인으로 살아간다는 것의 고충과 아픔을 이해하고 공감하는 동시에, 그동안 자신의 내향성을 외면하거나 무시하느라 상처입고 지쳐버린 스스로를 돌보고 치유할 수 있는 계기가 되어줄 것이다. 그리고 내향인이라는 프레임에 갇혀서 스스로 불리한 삶을 선택하고 있는 안타까운 내향인들에게 성장과 성숙으로 가는 길을 안내해줄 것이다. 책을 읽는 동안, 미처 몰랐던 내향성에 대해 좀 더 알아가고 친밀해지는 동시에, 좀 더 따뜻하게 친절하게 대해주지 못했던 나 자신과 화해하는 시간이 되기를 바란다.

우리는 내향인이다, 외향인이다 이름 붙여진 채로 세상에 나오지 않았다. 물론 기질이나 성향을 무시할 수는 없고, 둘을 구분짓는 뚜렷한 뇌과학적인 증거들도 나오고 있다. 하지만 그것 역시 우리 자신을 표현할 수 있는 수많은 특성들 중에 일부분일 뿐이다. 이것이 같은 내향인이라고 불리는 사람들이 다 같은 내향인이라고 할 수 없는 이유이다. 그만큼 우리는 수천, 수만 가지의 얼굴을 가지고 있고 서로 다른 개성으로 빛나는 고유한 별인 것이다.

내향적인 사람들뿐만 아니라 외향적인 사람들도 이 책을 통해 자기 성찰과 자기 수용의 시간을 가질 수 있기를 바라며, 내향성에 대한 오해와 편견을 넘어 새로운 시각, 보다 열린 시선으로 내향성을 바라볼 수 있기를 기대한다. 내향적인 혹은 외향적인 사람이 아닌, '있는 그대로 충분히 괜찮은 나'를 응원한다.

차례

2장

외롭지만 외로워 보이고 싶지는 않아

3장

우리 사이에 필요한 건 적당한 거리

4장

혼자의 시간이 가장 자유롭다

1장

당신은 조금
예민해 보일 뿐이다

나의 수줍은
마음에게

+

이제라도 수줍은 마음을 향한

나의 진심을 보여주자.

내 잘못이 아님을 분명히 알아두자.

이상한 눈으로 바라보았던 사람들의 시선을

내게서 거둬들이자.

숫기는 부끄러워하거나 수줍음을 타지 않는, 쾌활하고 활발한 기운을 뜻한다. 우리가 자주 사용하는 '숫기가 없다'는 말은 '부끄럼을 타고 수줍음이 많다'는 의미임을 쉽게 이해할 수 있다. 당신이 내성적인 사람이라면, 아마도 어릴 때부터 자주 듣고 자랐을 것이다. 말이 별로 없고 조용한 아이, 차분하고 얌전한 아이, 사람들과 어울리기보다는 혼자 노는 것을 좋아하는 아이, 소심하고 있는 듯 없는 듯해서 존재감이 없다는 이야기도 숱하게 들었을 수 있다. 들어보니 어떠한가? 아무리 익숙한 이야기라고 하더라도 이런 피드백이 그리 반갑게 들릴 리 없다. 그렇다. 우리가 흔히 내성적인 사람의 특징이라고 알고 있는 여러 특성들은 긍정적이기보다 부정적인 의미를 더 많이 내포하고 있다.

중학교에 입학하고 반 배정을 받은 등교 첫날이었다. 6년 간 다니던 초등학교를 마치고 내가 사는 동네와 꽤 먼 거리에 있는 중학교로 배정받았을 때 내색은 못했지만 너무 무서워서 눈물이 찔끔 났던 기억이 떠오른다.

등교 첫날, 낯선 학교와 교실에 앉아 조마조마한 가슴을 안고 출석을 부르는 담임 선생님의 목소리에 귀를 기울였다. 과연 출석부에 내 이름이 적혀 있을까 의심하면서 말이다. 혹시나 내 이름이 빠져 있으면 어쩌나 하고 긴장하는 순간이었다. 출석부에 이름이 빠져 있는 유령 같은 아이가 될 것을 상상하면 너무 끔찍했다. 또 출석을 부를 때 곧바로 '네!'라고 대답을 해야 한다는 생각에 내 목소리가 어떻게 들릴지도 걱정을 하였다. 혹시 목소리가 작아서 잘 들리지 않는다면, 난 출석부에만 존재하는 투명인간이 될 테니 그 역시 끔찍했다. 내가 여기 있음을, 여기 존재한다는 것을 알려야 하는 중요한 순간이었기에 긴장하지 않을 수가 없었다.

다행히 출석부에 내 이름 석 자가 적혀 있었고, 선생님은 나를 부르셨다. 그제야 안도하고 편안히 숨을 쉴 수가 있었다. 그때의 모습을 떠올리면, 작고 왜소한 데다가 소심하고 예민함으로 무장한 내성적인 여자아이의 이미지가 떠올라

안쓰럽다. 또 한편으로는 작은 세상에서 좀 더 큰 세상으로 활동 범위를 넓혀가면서 성장하는, 어디에서나 볼 수 있는 보통의 평범한 아이라는 생각이 들어 웃으면서 이야기할 수 있는 지나간 추억으로 여겨지기도 한다.

상담실을 찾는 부모 중에는 '우리 아이가 너무 소심해서 걱정이에요,' '남자아이가 밖에서 뛰어놀지 않고 집에서 혼자 노는 것을 더 좋아해요,' '다른 아이들과 잘 어울리지 못해요'와 같은 걱정을 안고 자녀를 데리고 오시는 분들이 있다. 부모에게 끌려온 아이는 아무 말 없이 고개를 숙이고 있는 반면, 아이의 어머니는 자리에 앉자마자 말이 없는 아이를 대신해서, 아니 아이의 말을 들어볼 생각도 하지 않고 아이에 대해 하나도 빠짐없이 전달하기에 급급해 한꺼번에 많은 이야기를 쏟아낸다.

그럴 때마다, 나는 데리고 온 자녀를 바라보는 그들의 시선과 다급한 목소리가 아이를 더 긴장시키고 주눅 들게 하는 것 같아 마음이 쓰인다. 뭔가 부족하고 모자라 보인다는 인상을 심어주게 되고, 수줍음이 많다거나 내성적인 사람이라는 자신을 부정적으로 인식하게 될 것이며, 더 나아가 수치스러운 부분으로 남아 자존감이 낮아질 가능성이 높기 때문이다.

물론 부모의 마음은 잘못이 없다. 사랑이 부족한 것도 아니다. 잘 키우고 싶은 마음에, 아이를 걱정하고 아끼는 마음에서 비롯된 행동이라는 걸 안다. 다만 아이의 눈에는 부모가 나를 바라보는 불안한 시선, 못마땅해하는 태도와 행동이 보일 것이다. 내가 가장 사랑하는 부모의 시선이 따뜻하지 않다는 것에 좌절하고, 나를 지지하지 않고 나무라는 태도에 실망하고 모자란 자기 자신을 탓하게 된다. 당연히 아이 역시 자신을 바라보는 태도가 따뜻해질 리 없다. 자존감이 꺾일 수밖에 없다.

나 역시 내성적인 성격을 불편해했고 부끄러워했다. 분명 내 잘못이 아닌데도, 험난한 세상을 살아가는 데 전혀 도움이 안 되는 거추장스러운 특성이라며 싫어했다. 이런 나를 남들 앞에 드러내는 것은 더욱 꺼려졌다.

생각해보면, 현실적으로 틀린 말이 아니다. 선택의 여지가 없었다고 말하고 싶을 수도 있다. 어딜 가나 환영받는 성격도 아니고, 각종 드라마나 영화, 소설 속의 매력적인 주인공들의 성격과도 거리가 멀고, 심지어 가족들에게도 인정받지 못했으니까.

부정적인 시선을 탓할 생각도 없고, 내성적인 성격을 무조건 긍정적으로 바라봐야 한다고 강요할 생각도 없다. 다만 어떤 판단이나 평가 없이 바라볼 수 있다면 어땠을까를 생각해보자고 말하고 싶다. 민감하고 내성적인 성향을 타고났다고 치자. 그래서 조금이라도 낯선 환경, 낯선 사람들을 접했을 때마다 움츠러들면서 뒤로 물러서고, 그런 상황을 피하려 할 수 있다.

그것이 큰 문제인가. 그 아이가 경험한 그 세상이 얼마나 두렵고 얼마나 아이를 긴장시켰을지 조금이라도 아이의 마음을 헤아렸다면 어땠을까. 왜 그리 성급하게 판단하고 문제 삼아 고치려고 하였을까. 우리는 그런 아이를 걱정하고 위한다는 핑계로, '그렇게 마음 약해서 어떡하나' 혹은 '그렇게 긴장하고 두려워하면 안 돼. 씩씩하게 굴어야지,' '피하면 지는 거야'라면서 강해져야 한다고 다그쳐왔다.

우리는 전혀 도움이 되지 않는다는 것을 알면서도 자신을 채찍질하면서 세상에 적응하기엔 너무 나약하고 부족한 사람이라고 스스로 낙인을 찍는다. 어릴 때 나를 바라보던 사람들의 시선에 눌리고 겁을 먹어, 성장하면서 그보다 더 가혹한 시선으로 나를 바라보고 있는 것은 아닌지 곰곰이 살펴보았으면 좋겠다.

조금 더 너그럽게 품어주고 지지해줄 수 있다면, 이런 특성이 다소 불편할지언정 적어도 부끄러워 감추어야 할 부분은 아니라는 것을 알게 될 것이다. 이제라도 수줍은 마음을 향한 나의 진심을 보여주자. 내 잘못이 아님을 분명히 알아두자. 이상한 눈으로 바라보았던 사람들의 시선을 내게서 거둬들이자.

사소한 걱정들과 함께
살아가야 한다면

+

걱정이라는 것은 당신을 불편하게는 만들지만

당신을 해치거나 위험에 빠뜨리지는 않는다.

완전히 내게서 몰아내려고 하지 말자.

안간힘을 쓰고 싸우려고 하지도 말자.

인간의 뇌는 어떤 동물들과도 비교할 수 없을 정도로 크고 잘 발달되어 있다는 것은 이미 잘 알려진 사실이다. 최근 뇌과학이 발달함에 따라 성격에 영향을 미치는 뇌의 구조와 기능에 대한 연구들도 활발하게 이루어지고 있어 외향성과 내향성의 차이를 이해하는 데 도움을 주고 있다.

2012년 하버드대学의 심리학자인 랜디 버크너Randy Buckner는 외향적인 사람과 내향적인 사람의 뇌 구조의 차이를 밝혀내려는 연구를 수행하였다. 여기서 잠깐, 바로 연구 결과를 이야기하기 전에, 이해를 돕고자 뇌의 구조와 기능에 관해 간략하게 설명하고 넘어가는 게 좋겠다.

어렸을 때 배웠던 뇌에 관한 지식을 떠올려보자. 가장 부피가 크고 진화적으로도 가장 나중에 발달한 대뇌는 기능에 따라 전두엽, 측두엽, 두정엽, 후두엽으로 구분된다고 배웠다. 이들 중 성격과 관련된 뇌 구조는 바로 전두엽이다.

전두엽은 이마 바로 뒤에 자리 잡고 있으며, 전전두엽 피질은 전두엽의 앞부분을 덮고 있는 대뇌피질을 말한다. 대뇌피질은 바로 인간과 다른 동물을 구별되게 하는 이성과 사고를 관장하는 부위이다. 특히 전전두엽은 무엇이 옳고 그른지, 어떤 것이 사회적으로 적절한 행동인지 판단하고, 생각과 행동을 조율하며, 계획을 세우는 등 고차원적인 인지 기능을 담당한다.

이제 다시 랜디 버크너의 연구로 돌아가보자. 연구 결과, 연구에 참여한 사람들 중 내향적인 사람으로 분류된 사람들의 전전두엽에 특정 부분의 회백질이 더 두꺼웠다는 사실이 밝혀졌다. 전전두엽이 추상적인 사고와 계획하기, 의사 결정, 주의 집중과 같은 기능을 담당하는 부분이라는 점을 고려하면, 이러한 연구 결과는 내향인들이 계획하고 분석하고 집중하고 자기를 성찰하는 데 더 많은 뇌를 쓴다는 것을 의미한다. 이것은 똑같은 외부 자극에도 더 많은 인지기능이 작동

된다는 것이고, 자연히 외향인들에 비해 내향인들은 더 쉽게 피로해질 수밖에 없게 된다는 것을 의미한다.

외향인들은 외부 자극을 보이는 그대로 받아들이는 편이지만, 내향인들은 그걸 자잘하게 쪼개서 분석하고, 곱씹으며, 숨은 의미까지 추측해서 보기 때문이다. 그만큼 머릿속에서 많은 일들이 복잡하게 이루어지고 있다는 것이다.

어디 외부 자극뿐이랴. 외부 자극들로 인해 이미 피곤해진 몸을 이끌고 집으로 돌아온 후에도, 끌고 들어온 외부 자극의 영향으로 끊임없이 이어지는 생각들과 걱정들, 즉 내부 자극들을 처리하느라 골머리를 앓는다. 아무리 열심히 생각해도 결론이 나지 않고, 해결되지 않는 고민들이 쌓일 뿐이다. 결국 아무것도 안 했는데도 쉰 것 같지 않고, 몸은 축축 처지고 기분도 가라앉는다. 외부 자극뿐 아니라 내부 자극에도 민감하기 때문에 이중으로 고통을 겪기 쉽다.

걱정을 끌어안고 사는 내향인들이 많다. 걱정한다고 해서 해결되는 문제가 거의 없다는 것을 알면서도 걱정을 내려놓을 수가 없다. 대부분의 걱정이 비현실적이고 비합리적인 것임을 알기에 긍정적인 생각으로 바꾸려고 하지만, 말처럼 쉽지가 않다. 대부분의 걱정은 정말이지 나를 괴롭히는 골칫덩

어리일 뿐이다. 떨쳐버리고 싶지만, 떠나보낼 수 없다.

　상담실을 찾은 연미 씨 역시 끊임없이 일어나는 사소한 걱정들을 떨쳐버릴 수 없어서 힘들다고 호소하였다. 예를 들어, 직장에서 업무시간이지만, 컨디션이 안 좋아서 보건실에 잠깐 누워 있다가 왔다. 자리를 비운 사이에 상사가 연미 씨를 찾았다는 이야기를 듣고, 혹시나 업무 태만으로 찍혔을까 봐 걱정을 하기 시작한다. 회의 때 상사의 얼굴을 보니, 왠지 표정이 굳어 있고 자신을 바라보는 눈빛이 냉랭했던 것 같다. 갑작스러운 상사의 질문에, 머릿속이 하얘지고 제대로 대답을 못하고 얼버무리는 자신을 보면서 '자기관리도 못하고 일도 제대로 못하는 무능한 사람으로 찍혔으면 어쩌지? 이러다가 회사를 계속 다니지 못하게 되면 어쩌지?' 같은 생각들이 순식간에 덮친다.

　집에 와서도 상사의 눈빛과 자신을 바라보던 동료들의 표정까지 떠올라서 마음을 놓을 수가 없다. '내 생각이 틀렸을 거야'라고 고개를 크게 흔들어 부정하려 해도, 잊고 싶어서 TV를 크게 틀어놓아도, 잠을 청하려 누웠어도 걱정은 사라지지 않는다. 그날도 밤잠을 설치고, 다음 날 고단한 몸으로 출근을 한다.

《나는 왜 걱정이 많을까》의 저자인 임상심리학자 데이비드 카보넬은 만성적인 걱정을 기생충에 비유하여 흥미를 자아냈다. 그의 책에는 납작벌레와 호박달팽이 이야기가 나온다. 납작벌레는 호박달팽이 안에 기생하는 기생충이라는데, 생애의 대부분을 달팽이 안에서 보내지만, 알은 새의 배 속에서만 낳는다. 새의 배설물을 통해 세상으로 나온 기생충 알은 새의 배설물을 좋아하는 호박달팽이 입속으로 들어와 그 안에서 부화한다. 호박달팽이 안으로 들어와 가장 먼저 하는 일은 달팽이의 뇌를 찾은 뒤 자신의 호르몬 또는 신경전달물질을 뇌로 옮겨와 달팽이를 변화시킨다. 그러면 달팽이는 평소의 속도보다 더 빨리 움직이게 된다는 것이다.

기생충에게 조종당하는 아바타가 된 달팽이는 자신을 위한 삶을 사는 게 아니라 기생충을 위해 평생을 살아가게 된다는 것인데, 상상만 해도 끔찍하지 않은가. 저자는 나의 꿈과 열망을 위해 사는 것이 아니라, 결국 만성적 걱정을 없애려고 늘 씨름하면서도 오히려 이를 키워나가는 삶을 살고 있다는 점에서 만성적 걱정을 기생충에 비유한 것이다.

많은 내향인들이 만성적 걱정의 노예가 된 삶을 자처하며 살아가고 있다. 걱정이라는 놈은 정말 기생충과 같아서, 눈에 보이지도 않고 마치 걱정 자체가 나와 한 몸 같아서 떼어내고 싶어도 잘 떼어낼 수가 없다. 보이지도 않는 한 몸과도 같은 이 걱정들과 싸우느라 매일 소진된다. 데이비드 카보넬은 걱정을 다루는 새로운 관점을 제시하였다. 지금까지 걱정을 싸워야 할 적이나 떼어내야 할 혐오대상으로 보았다면, 앞으로는 걱정을 대하는 방식부터 바꾸라고 제안한다. 이제까지 온갖 수단과 방법을 동원해 걱정을 통제하고 없애려고 할수록 걱정은 사라지기는커녕 더 커지거나 그대로 유지된다는 걸 경험했다. 그러니 더 이상 걱정을 적대시하지 말고, 좋은 관계를 맺을 수 있도록 새로운 전략을 사용하라는 것이다. 데이비드 카보넬이 소개한 유용한 전략을 내 방식으로 응용해보면 다음과 같다. 여기에 당신의 상상력을 보태면 도움이 될 것이다.

첫째, 걱정을 몰아내려고 애쓰기보다 귀를 기울인다. 걱정이 하는 말을 잘 듣고 받아들이고 인정해주는 것이다.

둘째, 걱정을 묘사할 수 있다면 그림으로 그려보도록 한다. 걱정하는 내용을 그리는 것이 아니라, 걱정을 하나의 인격적 존재로 가정해보고, '걱정이'라고 이름도 붙여주고 그 형체를 상상해서 그려보는 것이다. 그러면 '걱정이'를 만나고 '걱정이'와 대화하기가 훨씬 편해질 것이다.

셋째 '걱정이'를 데리고 산책을 해보자. '걱정이'는 기생충처럼 내 깊은 내면에 살고 있다는 걸 명심하자. 더 이상 어두운 내면에 머물게 하지 말고, 밝고 따뜻한 바깥으로 데리고 나와 함께 산책하는 것이다.

당신도 생각하기가 취미이고, 걱정하기가 특기인가. 취미이고 특기임에도 불구하고 이를 좋아하는 내향인들은 거의 없다. 좋아할 수는 없지만 더 이상 미워하지도 말자. 쫓아내려고 안간힘을 쓰고 싸우려고 하지도 말자. 미워하고 싸우는 일에 내 에너지를 다 소진하지 말자.

걱정을 물리치는 일을 끝낸 뒤에 진정 당신이 원하는 삶을 살 수 있을 거라는 착각에서 벗어나자. 걱정이라는 것은 당신을 불편하게 할 수는 있지만, 당신을 해치거나 위험에 빠뜨리지는 않는다. '걱정이'라는 녀석, 당신과 함께하는 조금 신경 쓰이는 친구로 삼도록 해보자.

착한 아이로
길들여진다는 것

+

누구나 빛나는 순간에 빛나는 존재이며,

자신의 가치와 개성을 표현하고 싶은 욕구가 있다.

그러니 내 존재를 드러내는 일을

부끄러워할 일도 아니다.

순하고 착해 보인다는 이유로 손해를 경험한 적이 있는가. 어릴 때는 순하고 착해서 손이 많이 안 가는 아이라고 부모에게 칭찬을 많이 들었을 수 있다. 바쁘고 힘든 엄마를 위해 투정 한 번 하지 않고 알아서 눈치껏 혼자 해결하고, 필요한 게 있거나 갖고 싶은 게 있어도 요구 한 번 하지 못한다. 그렇게 착한 아이, 순응하는 아이로 길들여지는 것이다. 그래야 사랑받고 이쁨을 받을 수 있으니까. 그래야 엄마가 웃으니까. 그것으로 충분했다.

그렇게 길들여진 아이는 어른이 되어서도 계속 '착한 아이'라는 가면을 벗을 수가 없다. '착한 아이'라는 이미지에 갇혀서 벗고 싶어도 벗을 수가 없다. 어느새 세상의 모든 사람이 나를 '착한 아이'로 보고, 그 기대에 부응하지 않으면 사랑을 잃을까 두려워 '착한 아이'로 주저앉은 채 성장을 멈추어 버린다. 성인이 되어서도 어릴 때처럼 요구할 줄 모르고 억울해도 자기주장을 하지 못하고 참기만 하고 속앓이를 하는 경우가 다반사다. 손해를 보더라도 양보하는 것이 미덕이라고 자위하며 자신의 욕구는 누른다. 하지만 남모르는 속앓이로 화병이 오거나 다양한 신체적 증상들에 시달리며 시름시름 앓게 될 수도 있다.

내가 만난 인경 씨가 그러했다. 어릴 때는 바쁜 부모를 대신하여 동생들을 돌보고 집안 일을 돕는 착하고 듬직한 아이였고, 결혼 후에는 뒤늦게 유학을 떠나게 된 남편을 뒷바라지하고 홀로 아이들을 돌보느라 자신의 꿈을 접었다. 오랜 고생 끝에, 남편이 자리를 잡고 아이들도 성장했다. 다시 일을 해보겠다는 용기를 내어 사회복지사 자격증을 따고, 지금은 어르신들을 돕는 복지시설에서 근무를 하고 있다. 최근에 손목이 아파서 치료를 받으면서 일을 계속해오고 있지만, 거동이 어려운 어르신들을 상대로 하는 일이기에 손목 통증은 나날이 심해지기만 한다. 늘 도움이 필요한 사람들의 입장에서 불편한 곳이 없는지 먼저 싹싹하게 다가가서 살피고 언제나 환한 미소로 상냥하게 상대를 이해하고 배려하는 게 익숙한 탓에 기관장에게 손목이 아파서 일을 좀 쉬어야겠다는 말을 하기가 어렵다. 갑자기 일을 그만두면 많은 사람들에게 피해가 갈 것이고 무책임하고 이기적인 사람이라는 소리를 들을 게 뻔해서, 말해야지 하면서도 말할 타이밍을 놓치고 하루하루 미뤄진다. 이런 날이면 아프다는 것을 모르지 않으면서도, 오자마자 저녁부터 차릴 것을 기대하고 태평하게 TV 보고 있는 남편과 아이들이 정말 밉다. 정작 내가 도움을 필요로 할 때, 내 이야기에 귀를 기울여주고 나를 도와줄 사람들이 몇이나 될까 싶어 화가 나고 억울하다.

나는 초등학교 시절 그림을 잘 그린다는 걸 알게 되었고, 그 뒤로 언제나 반 대표나 학교 대표로 각종 미술대회에 참여하곤 했다. 그래서 한때 화가를 꿈꾼 적도 있다. 나는 그림을 잘 그린다는 것으로 나의 가치를 뽐냈고, 그런 내가 자랑스럽고 좋았다. 그러나 중학교에 입학한 이후 미술을 접게 되었다. 초등학교 때 내가 괜찮은 아이라고 느꼈던 이유는 바로 학교 선생님들이나 친구들이 그림을 잘 그리는 나를 인정해주었기 때문이다.

하지만 중학교에 들어가자 사정이 달라졌다. 내가 중고등학교를 다녔던 80년대에는 특활활동시간이 있었다. 지금의 교내 동아리 활동에 가깝다고 봐도 좋을 것이다. 아무튼 나는 미술반에 들어가 화가의 꿈을 키우고 있었다. 그러던 어느 날, 도내 미술대회에 출전할 기회를 잡고 싶었으나 나에겐 그 기회가 주어지지 않았다. 단지 미술학원을 다니고 있지 않다는 이유에서였다. 난 가정 형편상 미술학원을 다닐수가 없었다. 이것이 내 재능을 키우고 빛을 발할 수 있는 기회를 얻지 못할 정도의 제약이 될 줄은 꿈에도 몰랐다. 어린 나이에 상처를 받고 그 뒤로 미술반을 그만두었다. 소심한 반항이었다.

그래도 각종 교내 미술대회에는 참여해서 줄곧 상을 받곤했는데, 어이없는 사건이 중3 때 일어났다. 포스터 그리기 대회가 있었다. "교영이 너는 상을 많이 받았으니까 이번에는 현주가 해보자. 교영이가 좀 도와줘라"라고 담임 선생님이 말씀하셨다. 나는 그러겠다고 했고, 현주는 나와 친한 친구였기에 기꺼이 도울 생각이었다. 그러나 포스터 제출 시기가 다가오자 친구는 못하겠다며 나에게 거의 미루었고, 결국 나는 밤늦게까지 포스터를 완성하느라 고생했다.

내가 그린 친구의 작품은 상을 받았다. 상장은 친구가 받았고, 난 그 친구가 부상으로 받은 공책 몇 권을 넘겨받았다. 난 왜 아무 말도 못하고 가만히 있었을까? 나도 뽐내고 싶고 내 가치를 인정받고 싶었는데, 벙어리마냥 아무 말도 못하고 쿨한 척한 것이다. 욕심을 내면 안 되는 것인가?

지금 생각하면, 그때의 담임 선생님은 그림 그리는 재능 따위엔 별 가치를 부여하지 않았고, 담당한 아이들이 골고루 상을 받도록 하는 게 타당하다고 믿었던 사람이었던 것 같다. 담임 선생님 입장에서는 아무 문제가 되지 않는 사소한 일이었으니, 친구에게 양보하라는 말을 쉽게 하셨겠지 생각하면 참 씁쓸하다. 그 정도는 누구에게나 나누어줘도 될 만큼 가벼운 것이었나 보다. 내 솔직한 마음을 알 리 없었던 담임 선생님을 원망해봤자 소용없는 일이었다.

뒤늦게 화가 나고 가장 아쉬웠던 건 '나'라는 존재를 빛내주었던 중요한 가치를, 내 개성을 표현할 수 있는 나의 재능을 별거 아니라고 여겼던 나 자신 때문이었다. 내게 중요한 것이라고, 나도 뽐내고 싶고 욕심이 난다고 말하지 못했을까? 충분히 주장할 만한 일이었음을 그때는 몰랐다.

왜였을까? 자기밖에 모르는 욕심 많은 아이라고 평가받을까 봐 두려웠던 것이다. 얼굴 붉히고 분위기 망치는 사람이 되기 싫었던 것이다. 하지만 이제라도 나는 그때의 나를 알아주련다. 겉보기엔 순하고 욕심도 고집도 없는 평화주의자로 보였을지 몰라도 내면에는 누구 못지않게 욕심도 있고 열정 넘치는, 인정받고 빛나고 싶은 소녀였다는 것을.

손해를 봐도 괜찮은 사람은 이 세상에 아무도 없다. 관계를 위해, 평화를 위해, 혹은 그럴듯한 어떠한 이유 때문이든, 누군가의 일방적인 희생과 양보가 당연시되는 것은 부당하다. 그렇다고 부당한 일이니 대놓고 싸우라는 말이 아니다. 일을 크게 만들고 싶어 하지 않고, 나보다는 남의 입장과 상황을 살피는 데 익숙한 소심한 내향인들에게 자신의 의견을 관철하기란 절대 쉽지 않은 일이다. 다만 남의 입장과 상황을 살피고 배려하듯이, 나의 욕구와 감정상태도 살피고 배려하자는 것이다. 겸손이나 양보와 같은 미덕도 지나치면 독이되고, 필요한 순간에 나를 표현하고 주장하는 것이야말로 세상을 살아가는 데 정말 필요한 능력이다.

누구나 빛나는 순간에 빛나는 존재이며, 자신의 가치와 개성을 표현하고 싶다는 욕구가 있다. 그러니 내 존재를 드러내는 일을 부끄러워할 일도 아니다. 욕구와 욕심을 분별하자. 욕구는 인간의 행복과 삶의 만족에 필요한 아주 기본적인 것이다. 배고프면 밥을 먹고 졸리면 자야 하듯이 생존에 필요한 욕구뿐만 아니라, 우리의 심리적인 안녕과 건강을 위해서 기본적으로 충족시켜야 할 심리적 욕구들이 있다. 이에 반해 욕심은 필요 이상으로 분수에 넘치게, 내가 가질 수 없는 것까지 탐내고 누리고자 하는 마음을 의미한다. 물론 욕구가 지나치면 욕심이 될 수 있으니 경계해야 하겠지만, 기본적인 욕구를 욕심으로 치부해서는 곤란하다.

그럼에도 불구하고 내 존재 가치를 인정받고 확인받고자 하는 마음을 욕심이라고 부르는 사람이 있다면, 감히 욕심내도 괜찮다고 말하고 싶다. 남의 입장과 감정을 헤아려주었듯이, 나의 입장을 이해받고 챙김받고 싶다는 마음을 이기적이라고 부르는 사람이 있다면, 이기적이어도 괜찮다고 말하고 싶다. 다시 한번 이 책을 읽는 독자들을 향해 이렇게 외치고 싶다.

"욕심내도 괜찮아."

"이기적이어도 괜찮아."

처음이 어색하고
낯선 사람들

+

그냥 상황에 나를 맡겨보는 것이다.

새로운 세상에 뛰어들어가보는 것이다.

이 말이 거창하게 들린다고 겁먹을 필요는 없다.

아주 약간의 용기를 내면 된다.

해마다 봄이 오면 새로운 시작을 알리듯이, 새 학년으로 올라가는 학생이나 상급학교로 입학하는 학생들, 또 취업을 앞둔 사회초년생들의 설렘과 분주함을 지켜보는 사람들 역시 들뜨게 된다. 하지만 기대와 설렘보다는 환경 변화에 따른 부담과 불안으로 고통을 겪는 사람들도 많다. 그들에게는 '처음'과 '시작'이라는 단어가 반갑게 들리지 않는다. 특히 익숙한 사람들과 떨어져 낯선 환경에서 만나 낯선 사람들을 받아들이고 적응하기까지 상당한 시간이 걸리기 때문이다.

　모든 내향인들이 낯설고 친하지 않은 사람들에게 먼저 말 걸기를 어려워하는 것은 아니다. 친하고 익숙한 사람들과는 대화하는 데 별 어려움이 없을 뿐만 아니라 못 말리는 수다쟁이로 변하기도 한다.

하지만 스스로 내향적이라는 이유로, 잘 모르거나 친하지 않은 사람들과 함께하는 자리가 불편하고 어색하다고 호소하는 사람들이 생각보다 많다. 특히 새로운 지역이나 학교로 이사 오고 전학을 왔을 때, 처음 직장생활을 시작했거나 새로운 부서로 옮겼을 때와 같이 새로운 사람들을 마주하는 상황이 그들을 긴장시킨다. 낯선 자극들은 엄청난 양의 정보처리를 요구하기 때문이다.

어렸을 때 전학을 자주 다녔다는 정민 씨. 원래 낯을 가리는 성격이라 친구들과 친해지기까지 시간이 오래 걸리는 편인데 좀 익숙해질 만하면 학교를 옮겼으니 새 학교에서 새 친구들을 사귀는 일은 매우 어려운 과제가 되어버렸다. 처음엔 전학 온 자신에게 관심을 가지고 다가오는 친구들이 있었지만, 말을 걸어도 별 반응이 없고 먼저 말을 거는 일도 없으니 친구들의 관심도 금방 사그라들었다. 수업시간을 제외하고는 도서관에서 혼자 책을 보며 시간을 보내는 경우가 많았다.

정민 씨는 지금도 낯선 사람들이나 별로 친하지 않은 사람들과 함께 있는 자리가 너무 어색하고 불편하다. 나를 어떻게 볼까 신경 쓰여 눈치만 보이고 뭐라고 말을 해야 할지 아무 생각도 나질 않는다. 혹여나 먼저 말을 걸었다가 대화가 이어지지 않고 침묵이 흐를까 봐 걱정되어 점점 사람들을 만나는 자리를 피하게 된다. 어쩌다 모임이 잡히기라도 하면 며칠 전부터 걱정이 되고, 다녀온 이후에는 혹시 내가 말실수한 건 없는지, 사람들의 표정과 말 한마디까지 떠올리며 그게 무슨 뜻이었는지 혼자 곱씹게 된다. 사람들의 사소한 반응에 일일이 신경을 쓰는 자신이 너무 싫고 바보 같아서 멈추고 싶지만 멈출 수가 없다.

유성 씨 역시 처음 보는 사람들 사이에 있을 때는 누군가가 말을 걸어주기를 기대하고 본인이 먼저 말을 걸지 못해서 고민이다. 남들의 대화에 끼어드는 것은 더더욱 어려워서 주로 듣고 있을 때가 많다. 언제나 자신의 의견을 즉흥적으로 잘 표현하고 남의 눈치 보지 않고 별생각 없이 툭툭 말을 던지는 외향인들을 보면 너무 부럽고 스스로 위축된다. 왜 말이 없냐고 주변에서 먼저 말을 붙여주어도 머쓱해서 제대로 대답조차 하지 못한다. 어쩌다 그들의 흉내라도 내볼까 용기

내어 입을 떼보려는 순간, 자신에게 사람들의 시선이 확 쏠리면 이내 머릿속이 하얘지고 버벅거리고 만다. 부끄러워서 얼굴을 들 수가 없다. 학창시절에는 항상 어릴 때부터 함께 지내던 오랜 친구들이 주변에 있었기에 큰 어려움 없이 잘 지냈다. 하지만 앞으로 사회생활을 하려면 다양한 사람들과 잘 어울려야 할 텐데 벌써부터 걱정이 태산이다.

끊임없이 곱씹으며 생각의 끝까지 파고들어 혼자서 해결해보려는 시도는 몸과 마음을 지치게 할 뿐 문제를 해결하는 데 하나 도움이 안 된다. 아무리 걱정을 하고 생각을 깊게 한다고 해도 완전한 대비책을 찾아내기가 어렵기 때문이다. 실제로 부딪쳐보기 전에는 어떠한 변수가 생길지 혼자만의 생각으로 그 모든 것을 예측할 수 없다.

이러한 행동 이면에는 사소한 실수라도 해서는 안 된다는 완벽주의가 숨어 있을 가능성이 높다. 사람들이 어떻게 볼까 신경 쓰인다는 것은 혹시나 내가 실수를 해서 사람들에게 창피나 무시를 당할까 봐 걱정하는 마음이 있다는 것이다. 어차피 우리는 불완전한 존재인데 어느 정도 실수를 저지른다 한들 크게 마음에 담아둘 필요가 없다. 하지만 생각처럼 쉽지 않다는 게 문제다.

수치심과 취약성에 대한 연구로 유명한 심리학자 브레네 브라운Brene Brown은 수치스럽고 자존심이 상한다는 이유로 자신의 부족하고 취약한 부분을 마음 깊숙이 숨기고, 아닌 척 쿨한 척 애쓰느라 삶을 허비하지 말라고 말한다. '내가 웃는 게 웃는 게 아니야'라는 노랫가사처럼 내 솔직한 마음을 들킬까 봐 웃는 얼굴로 덮어버리는 것이다. 브레네 브라운은 그의 책《나는 불완전한 나를 사랑한다》에서 '완벽주의는 완벽하게 살고, 완벽하게 보이고, 완벽하게 행동하면 비난이나 비판, 수치심의 고통을 피하거나 최소화할 수 있다는 믿음'이라고 말했다.

이러한 잘못된 믿음 때문에 얼마나 많은 자기희생을 하고 얼마나 가혹한 자기검열과 비판을 해왔을지를 생각해보라. 지금, 여기에 존재하는 나는 없고, 스스로 만든 마음의 감옥에 갇혀 끊임없이 고통을 생산하고 있는 자신을 바라보라. 우선 부족하고 모자란 나를 대하는 가혹한 시선부터 거둬들이고, 조금만 더 따뜻한 눈으로 연민의 마음으로 바라볼 필요가 있다.

둘째, 자신이 내향적이라든지, 수줍음이 많다든지, 말을 잘 못한다든지, 실수할까 봐 겁이 난다든지, 얼마나 못나 보일지 등등 남들에게 드러나는 내 모습에 초점을 두지 말고 주의의 초점을 상대방에게 돌려보자.

주의의 초점이 자신에게 향할 때는 나의 일거수일투족이 의식이 되기 때문에, 무슨 말이나 행동이 외부로 나오기까지 내면에서 수많은 검열과 판단 과정을 거치게 된다. 결국 잘해 보려고 했던 의도와는 달리, 적절한 시기를 놓치거나 몸에 힘이 들어가서 모든 언행이 부자연스러워질 수밖에 없다. 지나치게 되면 불안과 우울감이 심해질 수도 있다.

셋째, 상황이나 상대방, 즉 외부에 주의의 초점을 두고 보이는 것, 들리는 것에 집중하자. 그러면 함께 있는 사람들에게 관심과 호기심이 생길 것이다. 관심이 생기면 몇 가지 질문을 해볼 수도 있다. 먼저 물어오는 사람에게 짧게 답만 할게 아니라, 질문을 해보는 것이다. 간단한 질문이라도 한다는 것은 상대에게 관심을 가지고 있다는 표시라는 점을 잊지 말자.

앞에서도 말했지만, 아무리 깊이 생각해봐도 완벽한 대비책은 없으니 나의 불완전함을 인정하고 그냥 상황에 나를 맡겨보자. 새로운 세상에 뛰어들어가보는 것이다. 이 말이 거창하게 들린다고 겁먹을 필요는 없다. 아주 약간의 용기를 내면 된다.

내향성 자체가 문제가 되는 것은 아니다. 내향적인 성격탓으로 돌려서 자신을 비난하는 실수는 하지 말자. 세상 모든 일이 처음이 어렵지 두 번째, 세 번째부터는 익숙해지고 수월해지지 않던가. 시행착오를 겪을 충분한 시간을 허용하자. 다시 말하지만 준비된 말을 던지려고 하지 말자. 완벽한 타이밍을 위해 진땀 빼는 일은 이제 그만두자.

사랑은 누구나
어렵다

+

상처받을 수 있다는 것을 전혀 몰라서
연애를 하는 것이 아니다.
나와 잘 맞는 이상적인 짝을 만나야
연애를 할 수 있는 것도 아니다.
사랑에는 용기와 헌신이 필요하다.

"사랑은 참여하는 것이지 빠지는 것이 아니다."

– 에리히 프롬,《사랑의 기술》

매일 밤마다 걸려오는 여자친구의 전화, 이제 전화 벨소리가 두렵다. 한 번 통화를 하면, 한두 시간을 넘게 통화를 해야 직성이 풀리는 여자친구 앞에서 이러지도 저러지도 못한 채 속앓이를 하며 지낸 지 벌써 3년이 되어간다는 경호 씨의 이야기이다. 결혼을 생각하고 있을 만큼 여자친구를 사랑하지만, 왠지 모르게 자꾸 불안하다. 그의 마음속에는 '언제 헤어지게 될지 몰라'라는 불안한 생각이 자리를 잡고 있어, 줄곧 여자친구의 말을 따르고 맞춰주게 되었다고 한다. 처음에는 잘 들어주는 고민 상대로 지내다가 연인이 된 케이스다.

'당신밖에 없다'는 여자친구의 말에 자꾸 흔들린다. 연애 초기에는 '당신밖에 없다'는 말이 달콤하게 들려서 설레었지만, 이제는 같은 말이 구속으로 느껴져 답답하다. 여자친구의 의존성이 부담으로 느껴진 것이다.

한쪽은 계속 의존하고 다른 한쪽은 모두 받아주는 식의 일방적인 관계는 오래가기 어렵다. 누구나 의존심이 있기에 특히 가장 가까운 연인 사이에는 서로의 의존 욕구가 어느 정도 채워져야 관계를 유지할 수 있는 법이다. 너무 계산적이라고 생각하는가? 주고 싶은 만큼 받고 싶은 것이 사람의 심리이다. 주는 사람 따로 있고 받는 사람 따로 있다는 식의 관계는 건강한 연인 관계가 아니다.

누구나 한 번쯤은 심지어 이미 결혼한 사람일지라도, 멋지고 아름다운 사랑을 꿈꾸며 '사랑에 빠지고 싶다'는 말을 흥얼거릴 때가 있다. '당신은 사랑받기 위해 태어난 사람'이라는 노랫말처럼, 우리는 사랑받고 싶은 마음 혹은 사랑받고 있다는 느낌에만 집착하는 경향이 있다. 누구나 알고 있는 '사랑'이지만, 국어사전을 찾아보았다. 사랑은 '어떤 사람이나 존재를 몹시 아끼고 귀중히 여기는 마음, 남을 이해하고 돕는 마음'이라고 적혀 있다. 이런 의미에서 사랑은 특별한 감정 상태를 가리키기보다는 특정 행위가 포함된 움직이는 동사로 이해된다. 다시 말해, 사랑은 받았을 때 느끼는 감정 상태가 아니라 상대에게 마음을 주고 돕는다는 적극적인 행위라는 것이다.

저명한 심리학자 에리히 프롬Erich Fromm도 '사랑은 참여하는 것이지 빠지는 것이 아니다'라고 말했다. 사랑은 나도 모르게 빠져드는 수동적인 감정에 머무는 것이 아니라, 함께 노력하고 가꾸어나가는 능동적인 활동이라는 것에 동의한다. 그러나 우리는 사랑받지 못하고 있다며 슬퍼하고 외로워한다. 또 사랑받지 못할까 봐 두려워한다. 그 반대의 경우는 극히 드물다. 이제 사랑에 취하고 싶다거나 사랑에 빠지고 싶다는 환상을 거두고, 어떻게 사랑을 표현하고 주고받을 수 있을지를 고민하는 적극적인 사랑을 하자.

이미 눈치챘겠지만, 경호 씨의 여자친구는 받는 것에 익숙한 사람이었다. 통화할 때마다 하루 동안 힘들었던 일과를 빠짐없이 쏟아내며 위로해주고 공감해주기를 바랐다. 3년 가까이 듣다 보니 늘 같은 레퍼토리가 반복되었다. 아무리 잘 들어주고 위로를 해주어도, 도움이 될 만한 조언을 해주어도 달라지지 않는 그녀를 보며 경호 씨는 화가 나고 점점 무기력해졌다. 경호 씨 역시 하루 종일 회사 일에 시달렸기 때문에 여자친구에게 자신의 힘든 마음을 털어놓고 싶을 때가 있었고, 기분전환할 수 있는 화제로 바꾸고 싶을 때도 있었지만 쉽지가 않았다고 한다.

조금이라도 바꾸려고 하면 '사랑이 식었다'는 말을 하며 서운해하고 며칠 동안 냉랭해져서 말을 꺼내기조차 어렵다는 것이다. 그럴 때마다 억울하고 화도 나지만, 별거 아닌 일로 실랑이를 벌이다가 갈등이 커질까 봐 걱정이 되서 결국 미안하다고 먼저 사과하는 쪽은 경호 씨다.

경호 씨의 이야기가 어떻게 들리는가? 여자친구는 사랑한다면 다 들어줘야 하고 이해해주어야 한다는 식의 논리를 내세우고 있고, 경호 씨 역시 그 논리에 휩쓸려서 자신의 불편한 감정에 대해 의문을 품고 문제시하고 있다. 사랑한다면, 이런 불편한 감정을 느껴서는 안 된다는 생각에 무조건 자신이 참는 것이 최선이라고 믿었던 것이다. 그가 왜 이렇게 왜곡된 방식의 사랑을 하고 있는지 살펴보면, 그의 어린 시절에서 답을 찾을 수 있다.

경호 씨는 어릴 때부터 부부싸움이 끊이지 않는 부모 밑에서 자랐다. 서로의 요구와 불만을 대화로 풀기보다는 누가 이기냐 지냐는 문제로 커져서 집안이 늘 시끄러웠다고 한다. 이혼의 위기도 여러 번 있다 보니, 언제 버려질지 모른다는 불안에, 불편하더라도 참는 것이 익숙해졌다. 괜히 불만을 이야기했다가 분위기가 더 험악해질 게 뻔하므로, 겉으론 다 괜찮다는 듯 표정도 숨기면서 살아왔다. 자신의 욕구와 감정은 꾹 누른 채 늘 집안 분위기를 살피며 숨죽여 지내는 것이 그의 생존전략이었던 것이다.

참는 것만이 능사가 아니다. 참아야 살 수 있었던 그의 생존전략은 어린 시절로 끝났어야 한다. 지금의 연애관계에도 같은 전략을 사용하고 있다는 것이 문제다. 참는다고 해서 사랑과 평화가 유지되는 것이 아니다. 경호 씨의 여자친구는 한결같이 잘 들어주는 경호 씨에게 길들여져 의존성이 더 커진 것일 수도 있다. 관계의 책임은 언제나 절반씩 각자에게 있다고 하지 않던가.

쉽지 않더라도, 관계의 개선을 위해서는 '나'를 알려야 할 책임이 있다. 내가 좋아하는 것뿐만 아니라, 내가 원하고 바라는 것과 힘들고 두려워하는 것까지, 나의 숨겨놓은 내면까지 진지하게 전달해보자. 그것 역시 상대를 위한 배려이고 진정한 소통의 시작이다. 소통이 원활해질수록 사랑도 깊어질 것이다.

경호 씨의 이야기만 특별하고 어려운 케이스라고 말할 수 있을까. 저마다 사랑의 방식이 다르고 다른 색깔의 사랑을 할 뿐, 어디 하나 쉬운 사랑은 없다. 사랑하기 참 어렵다는 말이 한숨과 함께 저절로 나올 것이다. 그래서인지 요즘 젊은 이들을 보면 연애에 염증을 느끼는 사람들이 많다. 혼자인 것은 외롭고 싫은데, 연애하는 것은 귀찮다고 말하는 사람들도 많다. 연애하고 싶지만 누굴 만날 기회가 생기지 않는다고 푸념하는 사람들도 있다. 누구나 불같은 사랑을 꿈꾸지만, 많은 시간과 노력을 들여야 한다는 것이 현실적으로 부담스러운 게 사실이다.

아무리 노력한다고 해서 성공한다는 보장을 할 수 없는 것도 맞다. 서로가 첫눈에 사랑에 빠지는 일은 거의 불가능한 일이고, 내 마음과 상대의 마음을 맞추어가는 일에는 엄청난 에너지가 든다. 언제든지 실패할 수 있고 고통이 뒤따르며 크게 상처받을 수도 있다는 위험을 감수해야 한다. 그래서 시작조차 하지 못하는 경우가 대부분이다. 하지만 쉽고 안전한 사랑이 있을까? 물론 불행을 자초할 필요는 없지만, 손해도 없고 상처받을 위험도 없는 쉽고 안전한 사랑을 꿈꾸고 있다면, 절대 사랑을 경험할 수 없을 것이다.

상처받을 수 있다는 것을 전혀 몰라서 연애하는 것이 아니다. 절대적으로 나와 잘 맞는 이상적인 짝을 만나야 연애를 할 수 있는 것도 아니다. 누구를 만나든지 사랑에는 용기와 헌신이 필요하다. 이 점을 명심한다면 상처받을까 두려워하는 대신. 배우고 성장할 수 있다는 기대감을 지니고 한 걸음 뗄 수 있을 것이다. 서로 다른 누군가에게 매력을 느끼고, 나와 다른 상대를 조금씩 이해해가며, 서로의 세계를 공유하면서 알아가는 재미도 있다.

혼자일 때보다 둘이 함께할 때 삶이 풍요로워질 뿐만 아니라, 혼자일 때는 몰랐던 나의 또다른 모습을 보게 되니 사랑의 성공 여부와 상관없이 연애를 통해 성장하고 성숙해진다. 결혼한 지 20년이 넘었는데도 나에게 남편은 여전히 낯설고 새로운 세계이고, 영원한 탐구대상이다.

마치 함께 춤추고 싶은 곡을 선정하고 그 음악에 맞는 멋진 춤을 추기 위해 끊임없이 스텝을 맞추며 연습해가는 댄서들의 모습이 그려진다. 연인 혹은 부부 사이와 닮지 않았는가? 당신 커플은 몇 곡이나 끝냈는가? 아직 곡을 고르는 중인가?

내향성을 바라보는
불편한 시선들

+

소심한 것이 아니라 세심한 것이다.

답답한 것이 아니라 신중한 것이다.

느린 것이 아니라 꼼꼼한 것이다.

모르는 것이 아니라 아는 체하지 않는 것이다.

- 제니퍼 칸 와일러, 《현명한 리더는 작은 소리로 말한다》

최근 대학에서 '성격심리학' 과목을 가르치고 있다. 학기 초에 학생들에게 '성격을 변화시키고 싶은가?'라는 질문을 던지면 가장 흔한 답변 중 하나가 '내성적인 성격을 고치고 싶다'이다. 초중고 시절에 비해 확실히 대인관계를 넓혀나갈 수 있는 시기라는 점에서, 새롭고 다양한 대인관계를 맺는 일이 대학생들의 주요 고민이자 최대 과제일 수 있다. 자연스레 자신의 성격을 변화시키려는 동기가 높아진 것으로 이해해볼 수도 있다. 하지만 대학생들뿐만 아니라 상담실을 찾는 사람 중에는 자신의 소심하고 만만해 보이는 내성적인 성격 자체를 문제라고 여겨 뜯어고쳐야 한다고 호소하는 사람들이 많다. 이를 당연하다고 생각하고 있다는 사실에 가끔 놀라곤 한다.

내향적인 성격은 어딘가 문제가 있고, 있어야 할 것이 결핍된 뭔가가 부족하고 이상한 성격으로 바라보는 것이 보편적이다. 과연 그러할까? 그 이유가 무엇일까? 우리는 그 반대편에 있는 외향적인 성격을 지닌 사람들을 쉽게 떠올린다. 그들을 보고 그들을 기준으로 삼아 판단하는 경우가 많다. 실제로 사람들의 성격에 대해 이야기할 때, 가장 눈에 띄는 특성이고 쉽게 분별할 수 있는 성격 특성이 외향성과 내향성이기도 하다. 하지만 내향성에 대한 정의는 지금까지도 논란의 여지가 많고 학자들마다 정의하는 내용도 다르다. 그러니 우리가 겉으로 드러나는 몇 가지 모습을 보고 내향적이라고 함부로 판단하는 것은 오해의 여지도 많고 상당히 위험할 수 있다.

내향성과 외향성을 구분 짓는 방식으로 가장 널리 알려진 것은 분석심리학의 창시자인 칼 구스타프 융Carl Gustav Jung의 분류일 것이다. 칼 구스타프 융은 내향성과 외향성이라는 단어를 처음 소개한 인물이며, 그의 분류 방식은 훗날 MBTI 검사를 개발하게 된 근거로 사용된다. 융은 에너지 충전 방식의 차이를 언급하였다. 외향인은 사람들, 외부 활동, 놀고 즐길 거리와 같은 외부 자극들을 통해 에너지를 흡수하는 반면, 내향인은 자극들이 많아지면 에너지가 쉽게 방전이 되기 때문에 혼자만의 시간을 통해 에너지를 충전해야 한다는 것이다.

세상에 왼손잡이와 오른손잡이가 함께 존재하듯이, 내향성과 외향성 역시 무엇이 좋다 나쁘다, 맞다 틀리다를 판단할 수 있는 특성이 아니다. 내가 원한다고 해서 왼손잡이와 오른손잡이를 선택할 수 없듯이, 내향성과 외향성 역시 내 마음대로 바꿀 수 있는 부분이 아니다. 당신이 만일 오른손잡이라면, 왼손을 전혀 사용할 줄 몰라서 오른손을 사용하는 것이 아니라는 것을 알 것이다. 다만 왼손을 사용하는 것이 오른손보다 불편하고 서툴기 때문에 오른손을 선호하는 것이다.

왼손잡이가 매력적으로 보인다고 해서 바꿔보려고 아무리 노력한다 해도 오른손 사용이 훨씬 더 편하고, 일할 때 더 쉽고 능숙하게 처리한다는 것을 알 수 있다. 물론 왼손과 오른손을 자유자재로 사용하는 사람들이 있듯이, 내향성과 외향성을 비슷한 정도로 지니고 있는 사람들도 있다. 그러니 내향적인 성향, 또는 외향적인 성향으로 구분하기보다는 어느

쪽이 더 강하거나 더 약하다와 같이, 다소의 차이로 이해하는 것이 좋다.

　누구나 공감할 만한 사례를 하나 들어보자. 인수 씨는 평소 과묵하고 차분한 성격이다. 반면 그의 아내는 활동적이고 사교적이다. 평일에는 각자 하는 일이 있으니까 크게 부딪치지 않는데, 주말만 되면 괴롭다. 인수 씨는 되도록 가정의 평화를 위해 아내의 비위를 건드리지 않으려고 시키는 대로 맞추려고 하지만, 도무지 쉴 틈을 주지 않고 자기 마음대로 끌고 다니는 것 같아 머슴 같다며 자신의 신세를 한탄하였다. 그의 아내는 그런 남편의 마음을 알 리가 없고 아무런 문제가 없다고 생각했지만, 어느 날 갑자기 남편이 '내가 머슴이냐'며 화를 내는 바람에 큰 충격을 받았다고 한다.

　아내는 본인처럼 남편도 좋아서 하는 것이라 생각했지 이렇게 불만이 클 줄은 전혀 예측하지 못했다는 것이다. 오히려 남편이 좋아하는 활동도 없고 취미도 없다면서 그런 남편을 은근히 무시했다고 고백했다. 나와는 다른 성향의 사람이고, 아무것도 안 해도 될 권리와 자유가 있다는 것을 이해가 안 되더라도 인정해주는 것이 가까운 부부관계에서는 반드시 필요하다.

당신은 어떠한가? 내향인이라고 해서 사람들과 함께 있는 시간이 무조건 싫고 괴롭다는 것이 아니다. 내향인이라고 해서 외부 활동을 모두 싫어하는 것이 아니다. 어울리고 즐기고 난 뒤에, 잠시라도 혼자만의 시간과 공간이 필요하다는 것이다. 하루에 약속을 몇 차례씩 잡는 사람들을 보면 그저 놀라울 뿐이다. '어쩌면 저렇게 에너지가 많을까' 솔직히 부러울 때도 있다. 하지만 그들에게는 그것이 에너지 충전의 방식인 것이다.

알고 지내는 사람들이 많다는 점에서 인맥이 넓은 외향적인 사람들은 사회성이 좋은 것이고, 혼자 있는 것을 좋아하고 소수의 사람들과 어울리는 내향적인 사람들은 사회성이 떨어진다고 단정지을 수 없다.

많은 성격심리학자들의 연구 결과에 의하면, 대인관계의 질이나 만족 여부를 예측하는 성격 특성은 '우호성'인 것으로 나타났다. 우호성은 신경과민성, 외향성, 개방성, 성실성과 함께 대표적인 성격 5요인 중 하나로, 사람들에게 친절하고 호의적이며, 따뜻하고 부드럽고 공감적이며, 이타적인 행동을 나타내는 성향을 뜻한다. 그러니 외향적인 사람일지라도 우호성이 떨어지면 사회성이 좋다고 볼 수 없으며, 내향성이 강하다고 해서 모두 사회성이 떨어질 것이라고 생각하는 것은 큰 오해인 것이다.

또 다른 오해 중 하나가 내향적인 사람들은 소심하고 예민해서 까다롭고, 사람들과 어울리기보다는 혼자 다니는 어둡고 침울한 사람들이라는 것이다. 절대 그렇지 않다고 반박할 수도 없지만, 내향인들 모두가 그렇다고 볼 수 없다. 이것역시 성격 5요인 중 '신경과민성'이라는 성격요인을 함께 고려해서 이해하면 훨씬 이해가 쉽다. 이러한 특징은 내향성의특징이라기보다는 '민감성'으로도 불리는 신경과민성의 특징에 더 가깝다고 볼 수 있다. 신경과민성은 부정적인 자극들에 민감하고 불안이나 우울, 분노와 같은 부정적인 감정을더 잘 느끼는 특성으로, 신경과민성이 강하면 정서적으로 민감하고 불안정해 보일 수 있다.

그럼에도 불구하고 외향적인 성격이 부러운 것은 왜일까?어릴 때부터 자신의 내향성에 대해 칭찬보다는 부정적인 피드백을 지속적으로 받아왔다면, 아마도 자신의 내향성이 드러내기에는 부끄러운 취약점이라고 학습이 되었을 가능성이높다.

또 이 사회는 어떠한가. 세상은 내향인들에게 일어서라고, 밖으로 나오라고, 도전하라고 요구하는 듯하다. 사회가 빠르게 변하고 치열한 경쟁상황에서 버티려면 빠른 속도로 기술을 습득해야 한다며, 도전을 두려워하지 않고 자신을 적극적으로 드러내고 어디서나 사람들과 잘 어울리는 외향적인 성격을 환영하는 사회 분위기 속에서 성장하였다.

단체로 회식을 가거나 뒤풀이 장소에 가면, 가만히 앉아 있는 사람에게 강제로 일으켜서 춤을 추라고 시키질 않나, 갑자기 노래 한 곡 부르라고 요청하질 않나, 내향인이라면 이런 난감한 순간을 경험한 적이 있을 것이다. 회의나 강의에 참여할 때, 열심히 듣고 정리하는 걸 보고 내 의사는 묻지 않고, 발표하라거나 한마디 해보라고 한다. 우리도 세상의 일부이고, 이 세상에서 한 사람으로서 어울려 살아가야 하니까 무조건 웃으며 사양할 수도 없고, 혹여나 좋은 분위기를 깰까 봐 두려워 거부하거나 화를 낼 수도 없고, 당혹스러울 때가 한두 번이 아니다. 그동안 얼마나 애를 썼는가?

이렇게 불쑥불쑥 치고 들어오고, 끌어내려 하고, 일으키려고 하고, 무엇보다 사회생활을 하려면 그래야 한다고 가르치

듯 부추기니, 그러지 못한 내향인들은 자신이 못나고 부족한 것 같아 점점 위축되고, 눈에 띄지 않게 더욱 숨어 있으려고 하게 되는 것이다. 오해를 받는 것도 억울한데 자신을 부족하다고 깎아내리는 것은 그만두어야 한다. 어떠한 성격이든 장단점이 있고 양면성을 가지고 있다는 것을 기억하자. 어떠한 시각으로 바라볼 것인지가 더 중요하다.

지친 일상 속의 휴식

치열하게 하루를 살아낸 자신을 위해 일과를 마치기
전에 긴장을 풀고 평정심을 찾을 수 있도록, 오롯이
나를 돌아보고 내 자신과 함께할 수 있는 시간을 가
져볼 것을 추천한다. 우선 짧은 시간을 들여 시작해
볼 수 있는 간단한 방법들을 몇 가지 소개하겠다. 무
엇이든 나에 대한 따뜻한 관심과 연민의 태도가 선행
되어야 한다. 그저 도움이 된다고 하니까 급한 불 끄
듯이 해보자는 조급한 심정을 내려놓고, 하루하루 전
쟁을 치르듯 쫓기는 삶을 살아온 나에게 따뜻한 시선
을 보내보자. 그 따뜻한 시선만으로도 일단 내 몸과
마음이 이완될 수가 있다.

- 가볍게 천천히 걷기

먼저, 가볍게 천천히 걸을 수 있는 주변을 살펴보자. 내 몸
에게 알려주는 것이다. 전쟁터가 아닌 휴식의 공간임을 알
려주고, 고개 들어 하늘을 바라보고 나무를 보면서 천천히
산책할 수 있는 곳으로 가자. 운동 삼아 걷는 것이 아니라,

10분에서 20분 정도 숨을 깊게 천천히 쉴 수 있도록 느린 발걸음으로 하늘과 나무를 보고 땅을 느끼면서 걷는 것이다. 걷기 명상이라고 불러도 좋다. 자연으로부터 에너지를 충전하는 방법이다.

• 나무와 숲의 기운 느끼기
매일 나무가 많은 숲길을 걸을 수 있다면 환상적이겠지만, 그럴 수 없다고 낙담하지 말자. 동네의 작은 공원도 좋고, 실내에 식물들을 키우는 것도 좋다. 그리고 10분이라도 숲속에 와 있다는 경험을 할 수 있도록, 숲속을 연상시키는 영상과 소리를 틀어놓고 가볍게 몸을 털고 움직여보는 것은 어떨까. 지금 이 순간, 당신의 머릿속에 모든 감각들을 동원할 수 있는 또 다른 방법들을 떠올려보라.

• 낯선 이들 사이에 서 있기
나는 예전부터 출퇴근길을 걸어 다녔다. 사람들 틈 속으로 그리고 나무들 사이로 산책하듯이 걷다 보면 잠시라도 번잡한 일상에서 빠져나온 듯한 경험을 한다. 그리고 비록 낯선 사람들일지라도 나처럼 말없이 어딘가로 걸어가는 사람들을 바라보면, 문득 어려운 시기를 함께 경험하고 있다는 동질감과 연대감을 느낄 때가 있다. '나만 힘든 게 아니구나. 다들 힘겹지만 열심히 살고 있구나.' 위로가 되고, 혼자 있지만 외롭지 않다.

- 취미활동 시작하기

조금 더 시간을 낼 수 있다면, 어떠한 취미활동도 좋다. 음악을 틀어놓고 막춤을 추어도 좋고, 요리를 해도 좋다. 나는 몸치라서 배워서 추는 춤은 엄두가 안 나지만, 어떤 음악이라도 몸이 가는 대로 기분에 따라 마음이 시키는 대로 흐느적거리는 막춤이라면 자신 있다. 요리도 마찬가지다. 가족들의 끼니를 챙겨야 한다는 의무감이 아니라, 오로지 나 자신을 위한 치유 음식을 만들어보는 것이라면 가볍게 취미로 삼을 만하다. 함께 맛있게 먹어줄 가족이나 친구가 있으면 더욱 좋겠지만 상관없다. 지친 나를 위해 요리하는 경험, 생각보다 꽤 괜찮다.

- 짧은 일기나 손편지 쓰기

글쓰기가 익숙한 이들에게는 짧은 일기 쓰기를 권한다. 오늘 하루 안 좋았던 일이나 기분 나빴던 일, 좋았던 일이나 기뻤던 일, 내일 하루 가장 관심이 가고 기대되는 일을 10분 정도 짧게 손글씨로 적는 것이다. 감사 일기를 쓰는 것역시 하루를 차분하게 마무리하기에 좋은 방법이다. 모두쉽고 간단한 방법이지만 꾸준히 실천해야 효과를 볼 수 있다. 이외에도 마음을 차분하게 해주는 음악으로 컬러링을바꾸거나, 자신에게 또는 소중한 이에게 마음을 담아 손편지를 써보는 것도 좋다. 이렇게 직접 손을 움직여 쓰고 칠하는 아날로그적 활동은 몸과 마음의 긴장을 풀 수 있는좋은 방법이다.

2장

외롭지만
외로워 보이고 싶지는
않아

나는 내향적인가,
외향적인가

+

우정에 관한 한 외향인은

다양한 음식이 차려진 뷔페를 원한다면

내향인은 셰프의 비법이 담긴 특별식을 원한다.

- 젠 그렌맨,《세상의 잡담에 적당히 참여하는 방법》

최근 MBTI의 대중적인 인기는 식을 줄 모르고 있다. MBTI는 마이어-브릭스 유형 지표Myers-Briggs-Type Indicatior의 약자로, 작가 캐서린 쿡 브릭스Katharine Cook Briggs와 그의 딸 이자벨 브릭스 마이어스Isabel Briggs Myers가 칼 구스타프 융Karl Gustav Jung의 성격유형이론을 근거로 개발한 성격유형 선호지표이다. 누구나 쉽게 실시할 수 있고, 16가지 유형 중에서 알파벳 대문자로 새겨진 네 글자 암호 하나(예를 들어 INFJ)가 내게 주어진다는 점에서 흥미롭다. 그렇다 보니 젊은이들 사이에서는 흔한 이야기 소재로 사용된 지 오래이고, MBTI의 구조를 흉내 낸 수많은 가짜 심리검사들이 성행하고 있다.

마치 별자리 운세나 혈액형으로 알아보는 성격 테스트처

럼 가볍게 접근할 수 있다는 것이 큰 장점이다. 유형에 대한 설명도 그럴 듯해서, 나를 이해하고 타인을 이해하는 데 도움이 되는 좋은 도구임에 틀림이 없다. 하지만 실제로 신뢰성이 그리 높지는 않다고 밝혀져 있다. 여러 번 반복하면 같은 유형으로 나올 가능성이 낮다는 것이다. 그러니 참고만 할 뿐 맹신하지 말 것이며, 자신을 결과로 나온 성격유형과 동일시하는 일이 없도록 주의해야 한다.

심리학계에서는 MBTI보다 '성격의 5요인' 이론을 신뢰 있고 영향력 있는 모델로 인정하고 있다. 전 세계에서 성격에 관한 연구를 목적으로 가장 광범위하게 사용되는 모델이기도 하다. 폴 코스타Paul Costa와 로버트 맥크레Robert McCrae가 제시한 성격의 5요인은 유전 가능성이 높다고 알려진 개방성Openness, 성실성Conscientiousness, 외향성/내향성Extraversion/Introversion, 우호성Agreeableness, 신경과민성Neuroticism으로 각각의 영어 앞 글자를 따서 OCEAN이라고도 부른다.

그중 우리가 관심 있어 하는 외향성과 내향성에 대해 잠깐 살펴보자. 생물학적 모델에 따르면, 외향성은 뇌에서 신피질의 특정 영역이 흥분하는 정도와 관련이 있다. 외향적인 사람은 흥분 정도가 낮고, 내향적인 사람은 흥분 정도가 높다는 것이다.

이러한 이유로 외향인들은 적절한 흥분 정도를 유지하기 위해 더 많은 자극이 필요하고, 내향인들은 쉽게 흥분하기 때문에 자극들을 최소화시키려고 한다. 똑같은 자극 상황이라도 왜 내향인들은 자극에 쉽게 반응하고 쉽게 피로해지는지를 이해할 수 있을 것이다. 그러니 취향은 물론 사람들을 만나 관계를 맺고 상호작용하는 방식이나 선호하는 업무환경과 전략도 당연히 다를 수밖에 없지 않을까. 이런 점에서 내향성과 외향성은 서로 다른 특성을 말하는 것이지, 절대 우열을 매길 수 있는 특성이 아니다.

게다가 대부분의 사람들은 내향성과 외향성을 연결하는 지점, 중간 어디쯤 속해 있을 것이다. 실제로 극단적인 내향인과 극단적인 외향인은 흔하지 않다. 또한 한 사람의 성격을 이해하고자 할 때 외향성/내향성 성격 특성뿐만 아니라 나머지 네 가지 요인(개방성, 성실성, 우호성, 신경과민성)들을 함께 종합적으로 이해해야 한다. 그래야 내향인의 다양한 얼굴들을 제대로 이해할 수 있다.

이제 당신이 내향인에 가까운지 외향인에 가까운지 알아

보자. 아래의 문항들과 일치할수록 당신은 내향인에 가까울 수 있다. MBTI와 성격 5요인 모델 모두의 측면에서 탐색해 보기 위해 조합하여 만든 문항들이다. 타당성이나 신뢰성이 완벽하게 보장된 성격 테스트가 아니므로, 정확한 결과를 기대하기보다는 가볍게 살펴본다는 마음으로 해보길 바란다.

- 처음 만난 사람과 친해지는 데 시간이 걸리는 편이다.
- 말수가 적고 조심성이 많은 편이다.
- 생각한 후에 말을 하는 편이다.
- 떠들썩한 사교모임을 좋아하지 않는 편이다.
- 얼굴에 생각이나 감정을 잘 드러내지 않는 편이다.
- 직접적이고 단순하게 말하기보다는 다소 모호하고 복잡하게 말하는 편이다.
- 혼자 있을 때 활력을 얻는 편이다.
- 말하기보다는 글쓰기를 좋아하는 편이다.
- 다른 사람들과 나의 사생활을 공유하기를 별로 좋아하지 않는다.
- 많은 사람들과 함께 이야기하기보다는 일대일 대화를 좋아한다.

- 사회적이거나 물리적인 외부 환경보다는 내면적인 문제에 관심이 더 많다.

그래도 내향인의 특성을 이해하기에는 너무 간단하다는 인상을 받았는가? 그렇다면 심리학자들의 이야기가 아닌, 내향인들의 이야기를 직접 들어보자. 젠 그렌맨은 내향인으로 살아가는 자신의 삶을 기록하기 위해 개인 블로그를 시작했다가 전 세계 수많은 내향인들의 목소리를 담은 온라인 커뮤니티 '내향인 여러분Introvert, Dear'을 크게 성장시킨 운영자이다. 그녀가 쓴 책《세상의 잡담에 적당히 참여하는 방법》을 보면 수많은 내향인들의 자발적인 목소리를 담아냈다는 점에서 더 생생하게 와닿을 수도 있다. 내향인에 가깝다는 것을 의미하는 22가지의 신호 중에서 위에 언급한 특징들과 겹치지 않는 내용 열 가지를 골라 소개한다.

- 내면의 독백이 멈추지 않는다.
- 종종 혼자 있을 때보다 사람들과 있을 때 더 외로움을 느낀다.
- 교사가 질문을 할 때마다 손을 드는 학생이 아니다.

- 성난 사람을 상대하지 않는다.
- 가능하면 잡담을 피한다.
- 너무 진지하다는 말을 듣는다.
- 사람들에게 지치면 문을 닫아버린다.
- 중요한 일에 장시간 집중할 수 있다.
- 머릿속에서 살고 있다.
- 이야기를 잘 들어준다는 말을 듣는다.

　당신은 외향인에 가까운가? 내향인에 가까운가? 만일 당신이 내향인에 가깝다면, 다음의 이야기들이 궁금해질 것이다. 다양한 얼굴의 내향인들을 만나면서 내향인에 대한 오해와 편견, 그리고 그들의 고충과 상처에 대한 이야기에 공감할 수 있기를 바란다. 그리고 어떻게 상처를 치유하고 내향인으로서 충분히 의미 있고 가치 있는 삶을 살 수 있을지에 대한 고민도 함께 나눌 수 있기를 바란다.

내 안의
여러 얼굴들

+

대부분의 사람들은 내향과 외향의

중간 그 어디쯤에 있기 마련이다.

정도의 차이일 뿐, 우리 안에는

내향성과 외향성 모두 있다는 사실을 명심하자.

좋다 나쁘다 구분 지을 필요도 없다.

실제 내향인이라도 다 같지 않다. 그럼에도 불구하고 내향인들은 이러하다 저러하다는 편견으로 인해 오해받는 경우가 있다. 성격심리학자 조나단 칙 Jonathan Cheek은 같은 내향인이라도 다를 것이라고 가정하고 다양한 연령대의 성인들을 대상으로 조사하여 내향인을 크게 네 가지 유형으로 분류할 수 있다는 것을 발견하였다. 사회적 내향인, 사색적 내향인, 불안한 내향인, 억압된 내향인이 바로 그것이다.

이러한 흥미로운 분류를 통해 내향인들은 이러할 것이라고 생각했던 편견이나 오해가 살짝 벗겨질 수 있는 계기가 되기를 바란다. 물론 조나단 칙의 분류 역시, 어디까지나 가정에 불과하다는 것을 명심해야 한다. 실제 상황에서는 이보다 더 다양한 유형의 내향성과 마주하기 때문이다. 어쨌든 이러한 의도를 담아 그의 분류를 살펴보면 다음과 같다.

• 사회적 내향인social introvert

외향인처럼 활달한 사람을 말하는 것이 아니라, 사회적으로 내향적인 사람을 말한다. 즉 소수의 사람들과 어울리거나 혼자 지내는 것을 선호하는 사람들이다. 사회성이 떨어지거나 수줍음이나 사회적인 불안감 때문이 아니라, 그저 시끄러운 공간이나 상황을 싫어하고 집에서 조용하게 보내는 것을 선호하기 때문이다. 이것이 수줍음과 사회적 불안이 내향성의 특성이라고 단정 지을 수 없는 이유가 될 것이다. 실제 우리 주변을 보면, 평소 내향적이면서도 무대에 올라서서 공연을 하거나 많은 사람들 앞에서 강연과 발표를 할 때는 크게 긴장하거나 떨지 않고 능숙하게 잘 해내는 사람들이 있다는 것을 떠올릴 수 있다.

• 사색적 내향인thinking introvert

회고하고, 숙고하고, 분석하고, 성찰하는 사람을 말한다.

사람들과의 소통을 특별히 싫어하는 것은 아니지만, 자신만의 세계에서 상상의 나래를 펴고 창의력을 펼치는 것을 더 즐긴다. 이들 역시 사회성이 떨어지거나 사람들을 만나는 것을 두려워하지는 않는다. 주말마다 친구들을 만나러 나가고 실컷 수다를 떨고 놀고 들어온 이후에도 저녁 시간에는 혼자 일기를 쓰거나 공상을 하거나 만화나 소설 등 창작 활동을 한다. 우리 주변에도 어릴 때부터 꾸준히 일기를 써왔다거나, 취미로 시작한 웹툰이나 소설을 써서 블로그에 올리는 사람들을 찾아볼 수 있다. 비록 직업인으로서의 예술가는 아니지만 시를 쓰고 자작곡을 연주하는 사람들의 영상도 흔히 찾아볼 수 있다. 이들 모두 사색적 내향인이라고 이해해도 좋을 것이다.

• 불안한 내향인anxious introvert

내향인들에 대한 오해가 바로 불안한 내향인들을 보며 생겨난 것이라 해도 무방할 정도로, 낯을 심하게 가리고 다른 사람들과 있을 때 느끼는 어색함과 자의식, 즉 사람들의 시선에 지나치게 집착하기 때문에 사람들과 어울리기를 피하는 유형을 말한다. 또 사람들과 떨어져 혼자 있을 때도 그 불안이 줄어들지 않아 지난 일을 곱씹어 보고 부정적인 생각들이 끊임없이 이어지는 경향이 많고, 자연히 우울해지기도 쉽다. 대인관계로 인한 상처와 스트레스가 많아 사회생활이 힘들고, 스스로 소외시키고 고립을 선택하다 보니 마음의 고통이 점점 커질 수밖에 없지만, 스스로 도움을 요청하지 못하는 경우도 많다.

• 억제된 내향인restrained introvert

억제된 내향인은 사회생활을 그다지 피하지는 않지만, 움직이는 속도가 다소 느린 경향이 있다. 뭔가를 시작하려면 한참 시간이 걸린다. 말이나 행동을 하기 전에 한참 생각하는 편이고, 새롭거나 흥미진진한 경험과 감각을 즐기기보다는 속도를 늦추고 느긋해지는 것을 좋아한다. 충분한 시간을 가지며 생각하고 천천히 응하는 편이라서, 즉각적인 리액션을 바라는 사람들이 보기에는 우유부단하고 답답하다는 오해를 받기 쉽다. 하지만 적어도 사람들을 너무 의식한 나머지 자신의 의견과 생각을 표현하는 것이 어렵거나 불안해서가 아님을 이해할 필요가 있다. 상담실을 찾은 내담자 중에도 좀 느릴 뿐, 기다려주면 자신의 생각을 뚜렷하게 이야기하는 내향인들이 많다.

어떠한가. 내향성에도 하나의 모습이 아니라, 다양한 얼굴들이 있다는 것을 이해하는 데 도움이 되지 않았는가. 그렇다고 해서 이러한 분류로 내향성을 다 이해했다고 할 수는 없다. 앞에서도 강조했지만, 이러한 분류 역시 하나의 가정이라고 이해하는 것이 좋다. 그만큼 내향성에 대한 정의는 학계에서도 여전히 논란이 많다는 것을 의미한다. 다만 내향인이라고 해서 모두 사회성이 떨어지고 소심하고 수줍음이 많다는 오해는 더 이상 하지 않기를 바랄 뿐이다.

내향성과 외향성을 구별할 수 있는 간단한 기준은 사회활동이 끝난 뒤에 얼마나 피로감을 느끼느냐, 사회활동으로 소모된 에너지를 어떤 방식으로 충전하느냐이다. 실제 사회활동을 많이 하느냐 안 하느냐, 잘하느냐 못하느냐를 가지고는 판단할 수 없다는 말이다. 내향인이라 하더라도 상황이나 역할에 따라 외향적인 모습을 보여야 할 경우가 많고, 외향인이라 하더라도 어쩔 수 없이 집콕해야 하는 상황도 있는 것이다.

내향인에 대한 이해가 이러하듯, 외향인 역시 하나의 얼굴이 아닌 다양한 모습을 지녔음을 추측해볼 수 있다. 다만 차이가 있다면 내향인에 대해 부정적인 시각으로 바라보는 경향이 큰 데 비해, 외향인에 대해서는 무조건 긍정적으로 본다는 점이다. 그러나 외향인 중에도 밝고 명랑하고 사회성이 높을 거라는 기대와 달리, 실제 때와 상황에 맞지 않게 또는 타인의 입장이나 감정을 고려하지 않고 자기 이야기에 심취해 있거나, 아무 필터링 없이 하고 싶은 말이나 행동을 하는 사람들이 있다.

언젠가 한 모임에서 외향성이 상당히 강한 사람을 만난 적이 있다. 처음 보았을 때는 어색한 분위기를 깨기 위해 가벼운 농담도 섞어가며 능숙하게 대화를 유도하여 밝고 유쾌한 사람이라는 인상을 받았다. 하지만 누군가 중간에 끼어들 틈도 없이 유독 혼자만의 이야기를 계속하는 것이 아닌가. 무슨 이야기를 하는지 경청하려고 노력했지만 시간이 흐를수록 도무지 무슨 말을 하려는 건지 맥락도 없고 그냥 기계처럼 이야기를 하는 듯해 보였다.

이러한 외향인들의 모습에 상처를 받거나 지칠 때가 있음에도 불구하고, 많은 내향인들은 눈치 보지 않고 거침없이 할 말을 다 하는 모습을 부러워하고 동경하기까지 한다. 하지만 때와 장소를 가리지 않고 상대방의 입장이나 감정을 살피지 않고 행하는 것은 결코 사회성이 높은 행동이라고 볼 수 없다. 부정적이든 긍정적이든 어디까지나 편견이고 오해임을 알아야 한다.

또한 많은 사람들의 대부분은 외향성과 내향성 중간 어딘가에 속해 있기 때문에 내향인 혹은 외향인이라고 단정 짓는 것 역시 위험하다. 정도의 차이일 뿐, 우리 안에는 내향성과 외향성 모두 있다는 사실을 명심하자. 좋다 나쁘다 구분 지을 필요도 없다.

혼자 있어도 외롭지 않게

사실은
홍당무였다니까요

+

분석심리학 이론을 창시한 융에 따르면

누구나 양면성이 있기 때문에

완전히 내향적이거나 외향적이지는 않으며

두 가지 태도를 모두 가지고 있다고 하였다.

겉보기에는 전혀 내향인으로 보이지 않는 사람들이 있다. 내가 만난 은주 씨도 그런 사람들 중 한 사람이다. 어릴 때부터 학급 반장을 했고 집에서도 장녀인 은주 씨는 동생들에게 늘 모범이 되어야 한다는 말을 듣고 자라서 어디를 가나 모임을 이끄는 대표 역할이 맡겨졌다고 한다. 지금도 많은 사람들 앞에 서는 직업을 가지고 있고, 언제나 유쾌하고 똑 부러지는 의사 표현이 매력적이어서 당연히 외향적인 성격에 가까울 것이라고 여겼다. 그런 그녀가 사람들 앞에 서면 얼굴이 빨개져서 어릴 적 별명이 홍당무였다니 믿어지지 않았다.

사람들 앞에 서야 하는 역할을 많이 맡아서였을까. 지속적인 훈련을 통해 잠재되어 있던 외향성이 드러난 것일 수도 있고, 역할에 충실해야겠다는 책임감이 외향성을 발휘할 수 있도록 도왔을 수도 있다. 반장이라면, 장녀라면, 대표라면 이래야 하고 저래야 한다는 주위의 기대에 따라 그 역할에 충실히 하다 보니 필요에 따라 외향성 부분을 끌어다 쓸 수 있는 유연성이 키워진 것이라고도 볼 수 있다.

영석 씨는 어릴 때부터 말이 없고 사람들과 어울리기보다는 혼자 있는 시간을 더 선호하는 내향성이 뚜렷한 사람이다. 혼자 보내는 시간이 많아도 외로워하거나 사람들을 찾는 일이 없다. 어느 무리에서나 외향적인 사람들이 시선을 사로잡고 유창한 말솜씨와 유머감각을 보면 부럽다는 생각이 들기는 하지만, 그들처럼 되려고 애쓰지도 않는다. 화려한 언변이나 강렬한 카리스마는 없지만 묵묵히 자기 할 일을 하면서 아래 직원들의 이야기에 귀를 기울이고 신중하게 판단하는 리더로서 인정을 받고 있다.

그리고 직장에서는 수많은 사원들 앞에서 교육하고 외국 바이어들과의 교류와 협상을 주업무로 삼을 만큼 적극적인 모습을 보여주기 때문에, 사람들은 이러한 영석 씨의 모습만을 보고 외향적인 사람이라고 착각을 한다고 한다. 하지만 밖에서의 적극적이고 도전적인 모습과 달리, 집에서는 말이 없고 혼자 있는 시간을 더없이 소중히 여긴다. 영석 씨 역시 내향성, 외향성 모두를 상황에 따라 잘 골라 쓰는 유연한 사람임을 알 수 있다.

위 사례들을 보면, 지극히 내향적인 사람일지라도 적절한 환경과 주어진 역할에 따라 얼마든지 외향적으로 변할 수 있다는 사실을 알 수가 있다. 물론 타고난 성향 자체가 180도 바뀐다는 말은 아니다. 분석심리학 이론을 창시한 융에 따르면 누구나 양면성이 있기 때문에 완전히 내향적이거나 외향적이지는 않으며 두 가지 태도를 모두 가지고 있다고 하였다. 겉보기에는 외향적이라 할지라도 무의식에서는 내향적일 수 있고, 반대로 의식에서는 내향적이라 할지라도 무의식에서는 외향적일 수 있다는 말이다.

그러니 섣불리 '내향적이다, 외향적이다'라는 이분법적인 구분은 지양해야 할 것이다. 융의 관점에서 본다면, 나는 내향적인 사람이라고 자신의 정체성을 못 박듯이 단정 짓기보다는 아직 덜 계발되었을 뿐 내 안의 잠재된 외향성을 깨워 조금씩 '나'로 통합시키려는 노력이 성숙과 성장으로 가는 길임을 알 수 있다.

얼핏 보면 내향성의 한계를 극복한 사례로 볼 수도 있지만, 본래의 성향을 외면하고 외향인처럼 살다가 결국 진정한 자기 자신과의 괴리가 커져 우울이나 공허감, 불안에 시달리는 비극적인 사례들도 있다.

융은 가면이라는 뜻의 '페르소나'를 너무 중요하게 여기게 될 경우, 진정한 자신으로부터 멀어져, 결국 형식적이고 피상적인 삶을 살게 된다고 강조하였다. 페르소나는 쉽게 말해 남들에게 보이고 싶은 모습에 따라 자신을 드러내는 방식을 뜻한다. 인싸가 되고 싶어서 자신의 내향성을 부정하고 외향인처럼 살아가는 사람들을 예로 들 수 있다.

20대 후반의 명희 씨는 소심하고 수줍음이 많았던 초등학생 때의 모습을 바꿀 수 있는 기회가 생겨, 결국 학급에서 인싸가 될 수 있었던 성공담을 들려주었다. 그녀는 가족들과 함께 외국에서 생활하게 되면서 마음에 들지 않았던 자신의 모습을 지우고 친구들이 좋아할 만한 외향인들의 모습을 따라 하였다고 한다. 특히 거리낌 없이 자신을 드러내고 특정한 계획 없이 파티를 자주 즐기는 미국이나 유럽계의 친구들은 자신처럼 말이 없고 조용한 특성을 낮설게 여기고 이상한 눈으로 보기 일쑤였기 때문에 살아남으려면 내가 바뀌어야 한다는 필요성을 느꼈다. 싫어도 좋은 척, 재미없어도 즐거운 척, 힘들어도 괜찮은 척 자신을 바꾸어야 그들과 함께할 수 있었고 소속감을 느낄 수 있었다. 학창시절 소속감보다 중요한 것이 무엇이었겠는가. 처음 몇 년은 성공적으로 적응한 자기 자신이 대견하고 부모님들도 좋아하시니 그 모습을 유지하려고 애썼다고 한다.

더 이상 어린 시절의 성격대로 살아서는 안 되겠다는 위기감을 느끼고 성격을 개조하려고 했으니 그 필사적인 노력은 성공적이었으나, 뚜렷한 이유도 모른 채 내면은 계속 허하고 슬프고 우울했다. 누군가에게 도움을 청하고 싶었지만 이런 자신을 드러낼 용기가 없었다. 밖으로 나가고 싶어도 남들에게 밝은 척, 괜찮은 척하면서 보였던 모습을 유지할 자신이 없어졌고, 거울 앞에서 비친 자신을 보니 어둡고 못나 보여 외출을 포기하는 일이 늘어났다. 집 밖으로 나가는 것이 두려워지면서 사람들도 피하기 시작한 것이다. 집 안에 홀로 있는 시간이 많아지니 우울한 자신을 마주할 때마다 자기를 비난하는 시간도 늘어나 더욱더 집 안에 틀어박혀 지내야 하는 악순환이 계속되었다. 안에선 울고 있지만 겉으론 웃을 수밖에 없는 피에로의 삶을 보여주는 안타까운 사례로 기억된다.

자신의 내향성을 죽이고 외향인처럼 살기 위한 지독한 노력이 어떻게 우리의 삶을 피폐하게 만들 수 있는지 살펴보았다. 핵심은 이렇다. 내 안의 숨겨진 외향성을 발굴하고 계발하기 위한 노력은 자신의 내향적인 특성을 받아들이고 인정한 바탕 위에서 이루어져야 한다는 것이다. 성공적인 20~30대를 보내기 위해 자기 계발에 힘쓰고 있을 수많은 젊은이들에게 하고 싶은 이야기다.

모두가 달릴 때
멈춰 설 수 있는 용기

+

쉰다는 것은 번잡한 세상에서 빠져나와

혼자만의 고요하고 내면에 집중할 수 있는

공간과 시간을 선물한다는 것이다.

《지친 당신에게 고요를 선물합니
다》를 쓴 팀 콜린스에 따르면, 우리가 다 알고 있는 '토끼와
거북'이라는 이솝우화의 초고에는 토끼와 거북 외에 나무늘
보가 등장한다. 토끼와 거북은 시합을 하고, 나무늘보는 나무
꼭대기에서 두 동물을 내려다보며 남과 경쟁하는 시합을 왜
하느냐고 물었다는 것이다.

흥미롭지 않은가. 이 이야기를 들으면서 어쩌면 '내향인들
이 추구하는 삶이 바로 이 나무늘보의 삶이 아닐까' 하는 생
각이 들었다. 경쟁이 두려워 회피하는 것이든 경쟁을 할 필
요성을 못 느끼는 것이든 세상에 뛰어들어 치열하게 살아내
야 하는 것이 아니라, 약간의 거리를 두고 세상을 찬찬히 음
미하며 움직이는 평온한 삶 말이다.

평온한 삶을 원하지만 내향인이라고 해서 모두 평온함을 유지할 수 있는 게 아니다. 물론 외향인이라고 해서 평온한 삶을 살지 못한다는 말도 아니다. 외향인들은 수많은 외부 자극을 쫓아 정신없이 바쁜 일상을 만들어내느라 평온해질 수가 없다. 혼자 있어도 가만히 있지를 못한다는 이야기를 많이 들었을 것이다.

내향인들은 어떠한가? 내향인들은 외부의 자극들에 시달려 지칠 대로 지친 상태로 서둘러 혼자만의 공간으로 돌아오지만, 내면의 복잡하고 시끄러운 소리들로 방해를 받기 일쑤다. 외부 자극을 쫓아 휘청거리는 삶도 끔찍하지만, 내면에서 들리는 잡다한 소리들에 둘러싸여 벗어나지 못하는 삶도 지치고 힘들다.

외향인이든 내향인이든 평온함을 유지하기가 쉽지 않다. 외부의 자극 없이 혼자 있는 삶도 연습이 필요하고, 내면의 시끄러운 잡음으로부터 자유로워질 수 있는 인내심도 필요하다. 그러니 외향인이든 내향인이든 평온함을 유지할 수 있는 법을 배우고 경험하는 것은 무척 중요하다.

《스틸니스》의 저자 라이언 홀리데이는 삶이 끊임없는 파티로 이루어져 있고 집이 공사장과 같이 어수선하다면 결코 명료하고 통찰력 있는 시각을 얻기 어렵다고 말했다. 그의 말처럼, 가끔이라도 번잡한 세상에서 벗어나 혼자만의 고독의 시간, 자신에게 집중할 수 있는 침묵의 시간이 필요하다. 굳이 도시를 떠나 깊은 산 속으로 들어가지 않더라도, 잠들기 전이나 이른 아침, 일을 시작하기 전 단 5분이라도 자신에게 집중할 수 있다면, 언제든 어디서든 고요함을 경험할 수 있음을 기억하자.

영희 씨는 결혼하고 아이를 낳고 키우면서 일과 육아를 병행하기 어려워 여러 번 고비가 있었지만 꿋꿋하게 직장생활을 이어가고 있는 커리어우먼이다. 그녀는 육아휴직 중에도 뒤처질까 봐 두려워 육아에 전념하지 못한다며 하소연하였다. 잠시도 틈을 두지 않고 그 시간에 하나라도 배워야 하고, 자기 계발을 해야 한다는 생각에 늘 분주하다.

그리면서도 아이도 잘 키워야 하니, 같은 어린이집 보내는 엄마들과도 적당히 어울려야 한다. 최근에는 요즘 유행한다는 엄마표 영어에 꽂혀 영어공부를 새롭게 시작하였다. 또 다니는 직장을 얼마나 오래 다닐 수 있을까 싶은 생각에 공인중개사 자격증 시험공부를 해야 하나 고민 중이다. 겉으로 보이기에도 바쁘지만 그녀의 내면을 들여다봐도 그렇다. 그녀의 몸과 마음은 온통 미래에 가 있는 것이다.

영희 씨의 삶이 그리 낯설지가 않다. 주변을 둘러보면 넘쳐나는 정보와 외부 자극들에 파묻혀 사는 사람들이 생각보다 많다. 이것도 해야 하고 저것도 해야 할 것 같아 중심을 잃고 휘청거릴 정도로 삶이 시끄럽고 복잡하다. 그렇다고 모든 것을 과감하게 끊어낼 수도 없고, 취할 것은 취하고 버릴 것은 버리자고 다짐해도 적당한 기준을 정하는 것이 쉽지가 않다. 남들은 다 앞서가는 것 같고, 이대로 멈추면 나만 뒤처지는 것 같다. 결국 인생의 패배자가 될 거라는 두려움에 이러지도 저러지도 못하는 딜레마에 빠지기 쉽다.

특히 내향인들은 이 세상에서 요구하는 것들을 어느 정도 따라가야 도태되지 않는다고 믿고 있기에 세상을 쫓아가는 것도 버겁고 지치고, 그렇게 쫓아가는 자신을 바라보는 내면의 시선도 그리 곱지 않기에 이중적으로 스트레스를 겪는다. 세상에 참여하고 싶은 마음과 물러서고 싶은 마음이 충돌하니, 그 자체로 소모적일 때가 많다. 쉬고 있어도 쉬는 게 아닌 것이다.

홍인혜 시인은 한 칼럼에서 놀 줄은 알아도 제대로 쉴 줄 모르는 사람들을 향해 '쉰다는 것은 삶을 건사하는 가장 적극적인 액션'이라고 말했다. 오죽하면 멍 때리기 대회가 생겨났을까 싶을 정도로, 살면서 아무것도 안 한다는 것이 얼마나 어려운 일인지 안다. 지칠 대로 지친 마음을, 아무리 열심히 해도 끝이 없을 것 같은 불안과 걱정들을 어떻게 보듬어주고 쉬게 할 수 있는지 우리는 배운 적이 없다. 홀로 있어도 혼자가 아니고, 쉬고 있어도 쉬는 게 아니다. 끊임없이 올라오는 수많은 생각과 감정을 눌러줄 그 무언가를 찾게 되고 순식간에 빠져든다.

때로는 먹방 프로그램이나 자극적인 드라마에 빠지고, SNS나 인터넷 게임에 몰입하고, 또는 거하게 차린 밥상이나 혼술로 달랜다. 이것이 무조건 틀렸다고 말하는 것은 아니다. 지치고 메마른 내 일상을 촉촉하게 적셔줄 단비와 같은 선물이나. 이것을 소확행이라고 부르지 않는가. 그것을 탓할 생각은 없다. 다만, 그것이 우리의 시끄러운 내면을 외면하고 회피하기 위한 것이라면, 이것은 일시적인 달콤한 위안으로 끝날 것이라는 점을 인식해야 할 것이다.

내게 고요함을 선물해주는 것은 외부 자극 없이 홀로 있어

보는 것이 될 수 있다. 홀로 있어도 무심코 목적 없이 들여다
보았던 핸드폰이나 TV, 컴퓨터를 끄는 것이 될 수도 있다.
또 내 마음속에서 일어나는 수많은 생각과 감정들을 누르거
나 피하지 않고, 평가 없이 그대로 마주하고 바라보는 것이
될 수 있다. 마치 한 편의 영화를 보듯이 내 마음에서 일어나
는 다양한 풍경들을 감상해보는 것이다. 그러할 때 진정한
쉼, 삶을 건사하는 가장 적극적인 액션이 될 수 있을 것이다.

바쁘게 돌아가는 세상, 우리도 바쁘게 움직여야 하는 것이
당연시된다면 기계와 무엇이 다르겠는가. 인간에게는 하고
싶을 때 적극적으로 움직여 성취할 권리도 있지만, 적극적으
로 아무것도 하지 않고 쉴 권리도 있음을 잊지 말자. 쉰다는
것은 번잡한 세상에서 빠져나와 혼자만의 고요하고 내면에
집중할 수 있는 공간과 시간을 선물한다는 것이다.

나는 종종 바쁜 일상과 바쁜 마음을 진정시키고자 할 때
흥얼거리는 노래가 있고, 잔잔한 일상과 고요함의 가치를 느
끼게 해주는 영화를 알고 있다. 당신에게 고요함을 줄 수 있
는 노래이든 그림이든 책이든 영화이든 가까이 두고 보고 듣
고 만질 수 있는 어떠한 것이라도 좋으니, 고요함과 조금씩
친숙해지는 시간을 가져보자.

'천천히 가도 괜찮아. 빨리 한다고, 많은 것을 한다고 많은 것을 얻을 수 있는 게 아니야'라고 스스로에게 속삭이다 보면 어느새 밟고 있던 가속 페달에서 서서히 발을 떼고 있는 나를 만날 수 있을 것이다.

당신도 지금 가속 페달을 밟고 있는가. 잠시 숨을 크게 쉬어보자. 굳이 브레이크 페달을 밟을 필요는 없다. 굳이 가던 방향을 확 틀 필요도 없다. 세게 밟고 있던 가속 페달에서 발을 떼는 것만으로도 충분하다. 그 순간, 잠시나마 고요함을 경험하게 될 것이다.

시끄러운 세상,
볼륨을 줄여라

+

스스로를 드러내고 알리는 일이

성공 공식처럼 여겨지는 세상.

하지만, 자신만의 영역에서

고요히 묵묵히 살아가는 이들도 많다.

우리는 지금 매일매일 새로운 정보들이 쏟아져나오고, 배우고 쌓아야 할 다양한 지식과 기술, 경험들을 소개하는 수많은 사람들의 얼굴과 목소리를 쉽게 접할 수 있는 세상에 살고 있다. 원한다면 누구라도 자신을 표현하고 알리고 소통할 수 있는 세상임에 틀림없다. 이렇듯 숨 가쁘게 돌아가는 세상을 살다 보니, 잠시라도 한눈을 팔거나 멈추기라도 하면, 나만 금세 뒤처져 있게 될 것 같은 생각에 사로잡혀 불안해질 때도 많다.

멀티태스킹을 극찬하고, 한 번에 많은 일을 빨리 처리해내는 바쁜 현대인들을 부러워하고 동경한다. 자신의 한계를 뛰어넘어야 한다는 메시지를 담은 자기 계발 영상에 열광한다.

최근 미라클 모닝이라는 용어가 등장하면서 새벽 혹은 이른 아침에 일어나자는 움직임이 유행을 타고 있다. 나 역시 어릴 때부터 '일찍 일어나는 새가 벌레를 잡아먹는다'는 이야기를 귀에 딱지가 생기도록 들어왔던 탓에, 매번 실패하면서도 미라클 모닝의 가치와 혜택을 경험하고 싶어 다시 도전하였다. 하지만 정확히 딱 2주 실천하고 그만두었다. 이유는 간단했다. 나와는 안 맞았기 때문이다.

일찍 일어나 아무도 방해하지 않는 고요한 아침에 책을 쓰고 있는 달콤한 상상을 하면서 2주를 버텼다. 물론 몸이 적응하는 데 시간이 더 필요하겠지만, 어느 날 적응하려고 애쓰는 내 모습이 참 딱해 보였다. 차라리 내가 사용할 수 있는 고요한 시간대를 만들기로 마음먹었다. '꼭 새벽이어야 할 필요가 있을까' 반문하고 내린 결정이었다. 일을 줄이고 책 쓰기에 집중할 수 있는 고요한 시간을 만드는 것이 덜 스트레스가 되었다.

여기저기 다양한 얼굴의 다양한 목소리들이 난무하는 복잡하고 시끄러운 세상 속에서 내성적인 사람들이 자신을 드러낸다는 것은 정말 많은 용기와 에너지가 필요하다. SNS의 발달로 세계가 하나가 되고 경계가 모호해지면서, 자신을 드러내는 것은 당연한 일이 되었다. 그래야 살아남는다며 그것을 부추기기까지 하니, 이 세상에 내가 안전하게 온전하게 있을 수 있을까 위협을 느낄 만도 하다. 차라리 시끌시끌 야단법석인 세상과 자신을 차단하기 위해, 연결고리를 끊어내고 문을 닫고 고립을 선택하는 경우도 있어 안타까움을 더하기도 한다.

그 세상에서 살아내려고 몸부림치는 성수 씨를 만났다. 그의 표정은 어둡고 무거웠으며, 가끔 고개를 들어 일그러진 얼굴을 보여줄 때를 빼고는, 늘 아래 어딘가를 바라보며 불안에 떨고 있었다.

"남들은 다 잘하는데 나만 못하는 것 같아요. 아무도 안 만나고 싶지만, 그렇게 하면 더 도태될까 봐 억지로 나가요. 근데 막상 나가면 나만 못났고 약해 보여서 이런 내가 너무 창피하고 싫어요. 그냥 죽어버렸으면 좋겠어요."

그는 또래의 다른 젊은 친구들의 치열하게 열심히 살아가는 모습을 보고 한없이 기죽어 지내는 청년이다. 소위 말하는 밀레니얼 세대지만 SNS에 서툴고 멀티태스킹이 안 되고 동작이 느린 편이라 빠릿빠릿 움직이는 동료들이나 친구들을 보면 자신은 이 세상에 어울리지 않는 것 같다. 자신을 혐오하고 미워하니, 다른 친구들처럼 해보려고 애쓸수록 그 격차가 더 커지고 더욱 무기력해졌다. 노력해도 소용없는 패배자, '지금 세상에 어울리지 않는 사람'이라고 규정지었다.

그의 눈에는 자신을 제외한 모든 사람이 말도 잘하고 SNS도 잘하고 적절히 요령도 피울 줄 아는, 착하기만 한 자신보다 잘난 사람들로 보였다. 말이 없고 조용한 내성적인 성격을 못마땅해하며, 그런 자신을 버리고 싶어했다. 심지어 도움을 받으러 상담실을 방문한 순간에도 아무리 상담을 받아도 변하지 않을 텐데 상담자가 괜한 노력을 하게 만드는 것 같다며 자책하고 미안해했다. 아마도 그가 만난 주변 또래의 사람들은 외향적인 성향을 지녔을 가능성이 높고, 또 유튜브를 통해 세상을 배우려 했던 탓에 유튜브의 조언이 그를 더 위축시켰을 것이다.

성수 씨뿐일까. 정도의 차이가 있지만 누구나 세상에 잘 자리매김하여 사람들과 잘 어울리면서 살아가고자 애쓴다. 그래서 이러한 세상을 살아내려면, 마치 이러해야 한다는 원칙을 따라야 할 것만 같다. 그러한 원칙들을 생산해내고 선전하는 사람들이 대부분 외향적이다 보니, '성공하려면 외향인들처럼'이라는 공식을 따라하기 바쁜 세상이 되었다. 그러려면 나서야 하고, 목소리를 높여야 하고, 나를 드러내야 하고, 동시에 많은 일을 빠르게 척척 해내야 한다. 세상을 살아가는 공식이 있다니, 말이 되는가. 대부분의 내성적인 사람들도 차마 입 밖으로 소리 내어 주장하지 않을 뿐, 자기만의 방식이 있다. 세상의 절반이 내성적인 사람들이라는 걸 잊지 말자.

상담실을 찾은 소라 씨는 조용하지만 강한 사람으로 기억된다. 자신을 알아가고 이해하는 데 망설임이 없고, 무엇이든지 내 것으로 소화하고 삶에 녹여내려면 충분한 시간이 필요하다며 서두름 없이 찬찬히 조금씩 자신을 드러냈다. 10년 넘게 꾸준히 공부하고 배움을 실천하고 있지만, 평소에 절대 나서는 법 없다. 빨리 배워서 자격증을 따든지 돈벌이라도 해야겠다는 욕심도 없다. 하지만 가족이나 그녀가 몸담은 공동체 내에 문제가 생기면, 혹시나 피해를 볼까 봐 두려워 아무도 나서지 않는 순간에 오히려 중심에 섰다. 그것은 나서고 싶고 남들에게 인정받고 싶은 동기보다는 정의롭고 좋은 세상을 만드는 데 기여하고 싶다는 그녀의 굳은 신념 덕분이었다.

남들은 쉽게 해결될 문제가 아니라고 행동하기를 망설였지만 그녀는 자신의 뜻을 분명히 밝히고 행동에 동참할 것을 제안하여 결국 문제를 해결하였다. 이후 자신에 대한 믿음이 더 강해졌다. 굳이 목소리를 높이지 않아도 사람들은 그녀의 목소리에 귀 기울였다. 그녀의 침착하고 흔들리지 않는 신념과 진정성이 사람들의 마음을 움직였던 것이다. 이를 통해 그녀는 10년 이상 간직했던 자신의 꿈을 실현할 수도 있겠다는 희망을 품고 설레는 삶을 살고 있다. 그녀의 꿈은 누구나 원하면 지역 사회에서 공부할 수 있는 공간, 커뮤니티를 운영하는 것이다. 남들처럼이 아니라 좀 더딜지라도 자신의 방식으로 살아내는 그녀의 용기와 대담함을 보았다.

내향인들의 삶의 방식을 보면 겉보기에는 도전을 싫어하고 현실에 안주하려는 게으름뱅이처럼 여겨질 수도 있다. 하지만 그들의 내면세계는 외향인들의 시끄러운 삶의 모습 이상으로 복잡하고 시끄럽다. 그래서 오히려 더 단순하고 조용한 삶을 지향할지도 모른다.

잔잔하게 움직이지만 큰 여운을 남기는 내향인들의 활약을 기대해도 좋지 않겠는가. 특히 전 세계적으로 겪고 있는 코로나19의 재앙 속에서 지나친 낙관보다는 뼈아픈 현실을 직시할 수 있는 예리함과 아픔을 수용할 수 있는 너그러움과 그 속에서도 큰 욕심 없이 내 작은 몸을 지켜낼 수 있는 용기를 내향인들에게서 배울 수 있을 것이다.

세상에
완벽한 사람은 없다

+

완벽주의 얼굴을 지닌 내향인들을 보면,

잔잔한 호숫가에 우아하고 고고하게 떠 있는

백조들이 연상된다.

물 밑에서의 힘겨운 갈퀴질은

이제 그만해도 된다고 말해주고 싶다.

"완벽주의란 현재를 살지 못하게 하는 완전한 방법이며, 온전한 성취감을 절대로 느끼지 못하게 하는 완벽한 방법이다."

《사는 데 정답이 어딨어》를 쓴 작가 대니얼 클라인이 완벽주의를 두고 한 말이다. 이렇게 명쾌한 정의가 또 있을까. 저자의 말에 더욱 수긍하게 되는 이유는, 완벽주의라는 것이 정말 자기 자신을 위한 의도로 출발한 것이겠으나 궁극적으로는 오히려 자신의 성취와 안녕을 방해하고 있다는 점 때문이다. 세상에 완벽한 사람은 없다. 완벽하면 기계지, 사람이라고 할 수 없다. 누구나 빈틈이 있고 장단점이 있다. 그래도 다들 잘 살아간다. 불완전한 그 자체가 온전한 것이다.

세상에 완벽한 사람은 없다는 사실과 완벽주의로 인해 피폐해진 삶을 살고 있음을 인정하면서도 마음에서는 내려놓지 못하고 스스로에게 잔인할 정도로 비현실적인 기준을 들이대는 사람들이 의외로 많다.

특히 사람들에게 자신을 잘 드러내고 활동적인 외향인들에 비해 뒤에서 있는 듯 없는 듯 조용히 묵묵히 살아가는 내향인들은 자신을 화려하게 어필하거나 주목받는 것을 좋아하지 않는다. 오히려 자신에게 주어진 일에 집중하고, 그 일을 꼼꼼하고 철저하게 해냄으로써 인정받고자 한다. 그 철저함 때문에 작은 부분 세세한 것 하나까지 그냥 넘기지 못하고 일일이 본인 손을 거쳐야 하다 보니 갈수록 일이 많아지고 과부하에 빠지기 쉽다.

일이 많아서 힘들어도 남들에게 힘든 일을 떠맡기려 한다는 소리를 들을까 봐, 책임감 없다는 소리를 들을까 봐, 또는 무능력하다는 소리를 듣거나 인정받을 수 있는 기회를 놓칠까 봐 누구에게 맡기지도, 부탁하지도 못하니 이들의 표정은 날로 어두워지고 심각해진다. 그러나 스스로는 절대 완벽주의자라고 인정하지 않는다. 그들의 마음에는 자신이 늘 부족하고 엉성해 보이기 때문이다.

진주 씨와 상담했을 때 들은 이야기다. 그녀는 현재 안정적인 직장을 다니고 있음에도 불구하고 읽고 싶은 책들과 공부할 거리들을 한 보따리나 지니고 다닌다. 하지만 사실상 읽을 시간이 많은 것도 아닌 데다가 간만에 시간이 생겼다 해도 읽지 않는다. 읽지도 공부하지도 않을 것들을 어디를 가든 무겁게 들고 다니는 그녀의 마음은 어떠할까.

그녀에게는 두 가지 마음이 공존한다. 자신의 부족함을 채워야 하기에 늘 지니고 다니는 보따리들을 보며 '해야 한다'고 재촉하는 마음과 그 순간에 다른 걸 '하고 싶은' 마음. 이 두 가지 마음은 언제나 충돌한다.

다른 걸 하면서도 보따리들이 신경 쓰여서 마음껏 즐기지 못하고, 보따리들을 펼치려고 하는 찰나엔 무슨 부귀영화를 누리겠다고 이리 고생하나 하면서 핀잔을 주는 마음이 올라와서 온전히 집중하지도 못한다. 이러지도 저러지도 못한 채 간만에 생긴 그 꿈 같은 틈새 시간을 허망하게 날려버리는 것이다. 내 몸처럼 지니고 다니는 책 한 보따리는 나의 부족함을 채워 100으로 만들어줄 것이라 믿어 의심치 않는 완벽한 도구인 동시에, 현재를 즐길 수 없도록 발목을 잡는 사슬인 것이다.

영호 씨 사전엔 대충이라는 말이 없다. 아무리 사소한 것이라 해도 결정을 해야 하는 순간에는 절대 후회하지 않을 결정을 하기 위해 모든 경우의 수를 다 따져봐야 한다. 시간이 오래 걸리는 한이 있더라도 꼼꼼히 따져봐야 하니, 결정을 못 내린 채 흐지부지 끝나게 되는 경우도 많다. 절대 실수나 실패하는 일이 없어야 한다. 대안이 있더라도 용납이 안 된다. 그 사소한 것 하나하나가 나의 정체성을 지키기 위한 것이라 절대 사소한 일이 될 수가 없는 것이다.

목적이나 행위는 다르지만, 진주 씨나 영호 씨 모두 완벽주의라는 틀에 갇혀 있는 것이다. 100을 채우면 완전해질 거라는 착각에 늘 아쉽고 부족한 것만 눈에 보일 테니, 어느 순간에도 성취감이나 만족감을 느낄 수 없는 건 당연한 일이다. 내 마음에 쏙 들고 내 취향에 100% 맞는 것을 찾아 결정을 내려야 하니, 화창한 봄날 야외에서 데이트할 때 입을 옷 한 벌 사는 일에도 이것저것 따지느라 결국 그 좋은 계절을 온전히 즐기지 못한 채 놓쳐버리는 낭패를 겪을 수 있다. 내 정체성, 자기 이미지를 지키려다가 다시 못 올 그해 아름다운 봄, 그 순간을 즐길 기회를 날려버린 것이다. 허망하지 않은가.

우리 역시 그렇다. 정도의 차이일 뿐, 누구나 자신이 원하는 완벽한 그림 또는 이미지를 떠올리며 늘 다음을 생각하고 준비한다. 그러느라 지금 현재를 놓치기 일쑤다. 아침을 먹으면서도 점심, 저녁에 무엇을 먹을지 메뉴를 생각하고 있는 나 자신을 마주할 때마다 헛웃음이 나온다. 그리고는 '대체 지금 무엇을 하고 있느냐'고 말을 걸어 멀리 가 있는 내 자신을 지금 여기로 데리고 온다. 눈앞에 차려져 있는 아침 식사를 즐기는 것이 아니라, 아직 먹어보지 않은 맛도 모르는 점심, 저녁을 꿈꾸고 있는 것이다. 이것은 내 앞에 놓인 음식에 대한 예의가 아니다.

어느 날 수능을 갓 마친 딸과 점심을 먹었을 때다. 당시 코로나로 인해서 맛집을 찾아 마음 놓고 다닐 수 없는 시기였던 탓에 시시때때로 먹방 영상을 보며 대리만족을 하곤 하였다. 분명 맛있는 음식, 먹고 싶은 음식을 먹고 있는데도 우리의 눈은 너무나 아무렇지도 않게 먹방 영상에 꽂혀 있다는 걸 알아차렸다. 어처구니없는 지금의 광경을 보며 내 눈앞에 있는 음식을 존중하고 충분히 즐기지 못하고 있다는 생각에

숙연해졌다. 먹방 프로그램에 나오는 음식, 즉 지금 먹지 못한다는 이유로 군침을 흘리며 영상에 홀려 있던 모습을 떠올리면, 지금도 웃음밖에 나오질 않는다.

완벽주의 얼굴을 지닌 내향인들을 보면, 잔잔한 호숫가에 우아하고 고고하게 떠 있는 백조들이 연상된다. 우아한 자태를 유지하기 위해 물 밑에서는 얼마나 엄청난 갈퀴질을 하고 있는지를 상상해보면 내향인들의 내면을 조금은 이해할 수 있지 않을까.

갈퀴질을 하느라 지금 내가 서 있는 이곳의 아름다운 자연 풍광을 즐길 여유도 없고 주변에서 어떤 일이 일어나고 있는지 옆과 뒤를 멀리 돌아볼 여유도 없는 건 아닌가. 눈앞에 있는 어느 한 곳만 응시하며, 잠시 눈을 떼지도 못한 채 '이것만 해결하고 다음에'라고 자신을 채찍질하고 있는 건 아닌가.

다음을 위해 지금을 희생하는 어리석고 안타까운 일들을 우리는 알면서도 반복하고 있다. 대체 누구를 위하고 무엇을 위한 것일까 묻고 싶다. 우리가 바라고 꿈꾸는 삶은 멀리 있지 않다.

"네가 갖지 못한 것을 갈구하느라 네가 가진 것마저 망치지 마라.

기억하라. 지금 가진 것도 한때는 네가 꿈꾸기만 하던 것임을."

- 고대 그리스 쾌락주의 철학자 에피쿠로스

감정의 상처 치유하기

우리는 누구나 사랑받고 존중받고 인정받기를 원한
다. 그러나 살아가면서 수많은 욕구의 좌절과 실패를
겪고, 마음의 상처를 받는다. 특히 그 상처가 믿었던
사람, 가까운 이로부터 받은 것이라면 오랫동안 트라
우마로 남을 수도 있다. 하지만 상처 없는 삶은 없다.
평생 상처받지 않고 살았으면 좋겠다는 불가능한 희
망을 품기보다는, 상처 난 마음을 잘 치유하고 돌봐
주면 된다. 더 단단한 마음으로 자라날 것이다.

• 나를 향한 비난의 화살 거두기

누군가의 비난이나 공격으로 이미 상처 난 가슴에, 이 고
통스러운 상황을 모두 자기 탓으로 돌리면서 자기 비난의
화살까지 쏘는 사람들이 있다. 자기를 비난하는 것은 상처
를 보호하고 치유하는 것이 아니라, 아물지도 않은 상처를
건드려서 덧나게 하고 결국 곪아 터지게 하는 것과 같다.
그러니 자기 비난의 화살부터 거두고, 남의 상처를 돌보듯
나의 상처에 관심과 정성을 기울이자.

- 상처의 원인 찾기

  신기하게도 상처 준 사람은 없고 상처를 받은 사람만 존재하는 경우가 있다. 상처를 준 사람은 전혀 그럴 의도가 없었고 심지어는 기억조차 못하는 경우가 허다하다. 상대의 말이나 행동을 보고, '저렇게 말하는 걸 보니 나를 무시하고 있는 게 맞아'라는 식으로 내게 상처를 주려는 의도가 있다고 잘못 해석했을 수 있다. 내가 상처를 받았다고 느꼈을 때는, 먼저 상처의 원인이 상대에게 있는 것인지 아니면 내 해석의 오류 때문인지를 정확하게 구분하자.

- 상처 난 마음 털어놓기

  나의 상처를 다른 사람들에게 이야기한다면 약하고 못난 사람으로 보일까 봐 혹은 괜한 오해나 비난을 받을까 봐 두려워서 혼자 속앓이를 하는 경우가 많다. 마음이 약해서 상처를 받는 것이 아니다. 누구나 상처를 받을 수 있고, 상처 난 마음은 위로와 돌봄이 필요하다. 믿을 만한 사람을 찾아가서 나의 상처를 털어놓고 이야기하는 것도 자신을 돌보는 좋은 방법이 된다.

- 몸과 마음 함께 살피기

  마음의 상처를 방치하면 위염, 두통, 불면증과 같은 병을 얻을 수도 있으니 몸과 마음을 함께 살펴주어야 한다. 상처로 남아 있는 고통스러웠던 경험을 떠올리면서 몸에서 느껴지는 감각에 집중해본다. 몸의 어디가 유난히 긴장되어 있는지, 통증이 느껴지는지, 찌릿찌릿 불편한 감각이 느껴지는지 마치 스캔하듯 살펴보자. 그런 부위가 있다면, 그 부위에 머물러 따뜻한 숨결이 깊이 전달될 수 있도록 여러 차례 심호흡을 해주자. 그리고 그 신체 부위의 통증이나 감각이 내게 뭐라고 말하고 싶어 하는지 들어보는 것이다. 어떤 일을 겪었는지, 어떤 감정을 느꼈고, 어떤 것을 필요로 하는지 잘 들어주고, 아무 판단 없이 그대로 인정해주자.

- 위로의 반창고 붙이기

  상처 난 몸에 반창고를 붙이는 것처럼, 마음의 상처도 마찬가지다. 눈에 보이지 않는다고 가벼이 여기고 방치할 것이 아니다. 마음의 상처를 보호해줄 반창고는 바로 나의 따뜻한 위로이다. 상처 난 내 마음을 읽어주고 위로해줄 수 있는 따뜻한 말 한마디를 포스트잇에 적어서 냉장고나 화장실 거울에 붙여서 자주 볼 수 있도록 하자. 핸드폰 바탕화면에 띄워놓거나, 목소리를 녹음하여 수시로 듣는 것도 좋은 방법이다.

3장

우리 사이에 필요한 건
적당한 거리

짝사랑의
해피엔딩

+

서툴고 어색하면 좀 어떤가.

오히려 멋없고 소박한 표현이

더 진심으로 와닿을 때가 많다.

그러니 묵히지 말고 숨기지 말고 표현해보자.

누구나 한 번쯤 마음 설레이면서도 애틋하고 가슴 아픈 짝사랑에 대한 기억을 가지고 있을 것이다. 사랑이 서툴고 미숙했던 풋내기 시절, '사랑'이라는 게 무엇인지 궁금하지만, 직접 경험하기에는 겁나고 무서워서 책으로 배우려 했던 소심했던 내 모습이 떠오른다.

대학 시절 몇 년간 짝사랑했던 선배가 있었다. 좋아하는 마음의 크기만큼 선배 앞에서는 한없이 작고 초라해 보여서, 거리를 두고 바라보는 것이 편하고 좋았다. 좋은 선후배 관계가 깨질까 봐 두려워서 좋아한다는 말 한마디도 못하고 애만 태웠던 안타까운 기억으로 남는다. 후배로 아껴준다는 건 확실히 느꼈기에 잘 따랐고 함께하는 활동도 많았다. 시간이 흐를수록 내 마음이 커져갔지만, 아끼는 후배로서의 위치를 지키느라 무던히 애썼다. 마음을 직접 드러낼 용기는 없어서 대신 그가 제안하는 웬만한 일은 다 따르는 걸로 나의 마음을 표현하였다.

아마 시험 기간이었을 거다. 저녁을 먹고, 시험공부를 하기 위해 도서관에 앉아 있을 때였다. 선배가 갑자기 나타나서 "저녁 안 먹었으면 같이 먹으러 가자"고 했다. 조금의 망설임 없이 선배를 따라나섰고 그날 난 두 끼의 저녁식사를 했다. 이렇게 소심하고 수동적일 수가 있을까. 후배가 아니라 여자로 봐줄 날이 오리라 기대했지만, 그 역시 나와 크게 다를 게 없는 소심쟁이였다. 그도 나처럼 자신의 감정을 말이 아닌 다른 방식으로 열심히 표현했을지도 모른다.

그런데 어느 날 그에게 여자친구가 생겼다는 소문을 들었다. 나와는 달리 매우 적극적이고 외향적인 사람이었다. 우연히 함께하는 모임에 갔다가 그녀와 마주쳤는데, 선배에게 나에 대한 얘기를 많이 들었다면서 털털하게 웃는 그녀를 보며 나는 할 말을 잃었다. 말 대신 어정쩡한 웃음으로 화답하였다. 아무렇지 않은 척, 괜찮은 척해야 했으니까.

그제야 고백 한 번 못하고 뜸만 들이다가 놓쳤다는 생각에 기가 막혔다. 뒤늦게 후회해서 무엇하랴. 그렇게 나의 오랜 짝사랑은 아무런 결말도 없이 흐지부지된 채 비참하게 막을 내렸다. 그 뒤로는 맘에 드는 이성을 만났을 때나 교제할 때 '서툴러도 표현하자'는 게 내 신조가 되었다. 사랑에도 소심했던 겁쟁이가 얼마나 서툴고 어수룩했을지는 상상에 맡기겠다.

아무리 상대에게 좋은 감정을 가지고 있다고 해도 표현하지 않으면 아무도 알 수 없다. 사랑을 고백하는 상황에서만 필요한 것이 아니다. 부모와 자식 사이, 부부 사이, 형제간에도, 교사와 학생, 선배와 후배, 친구 사이 등 모든 인간 관계에서는 유대감이 중요하다. 특히 가깝고 소중한 사이일수록 필요할 때 의지하고 도움을 주고받을 수 있다는 믿음이 필요하다. '말'이라는 도구는 관계를 쌓아가고 깊어질 수 있도록 도와주는 역할도 하지만, 갈등을 유발시키고 관계를 단절시킬 수도 있는 엄청난 파워를 가지고 있다.

준모 씨는 평소 말수가 적고 조용한 성격인 데다, 쓸데없이 말이 많은 사람을 가볍게 여기고 별로 신뢰하지 않는 편이다. 아내가 남편에게 애정을 표현하려고 하면 남사스럽다며 얼굴을 돌리고 아이들에게도 칭찬이나 따뜻한 격려의 말

한마디도 잘하지 못하여 표현에 인색하다는 말을 많이 들었다. 본인은 큰 불편을 못 느꼈지만, 아내와 사춘기가 된 아이들과의 거리는 이미 멀어진 상태였다. 퇴근해서 집에 가도 반기는 사람 없고, 때를 놓쳐 저녁을 못 먹고 퇴근했지만, 아내의 냉랭한 표정에 눈치가 보여 홀로 찬밥에 물을 말아먹는 날도 있다. 우리 주변에서 흔히 볼 수 있는 익숙한 풍경일 것이다. 그러나 준모 씨의 이야기를 하려는 이유는 다음에 있다.

준모 씨는 평생 이렇게 살아왔다며 변하기 힘들다고 이야기했다. "내가 누구 때문에 이렇게 열심히 살았는데, 언젠가 내 진심을 알아줄 날이 올 거예요"라면서 쑥스럽고 오글거려서 어떻게 표현하냐고 반문하였다. 그러던 어느 날 준모 씨가 변하기 시작했다. 어머니가 치매에 걸린 이후로 나날이 몸과 정신이 쇠약해지고 면역력이 떨어지면서 입원과 퇴원을 반복하게 되자 심경에 변화가 생긴 것이다. 말씀하기 좋아하시던 어머니가 말수가 줄고 식사도 잘 안 하시고 점점 더 야위어가는 모습을 보자, 무심했던 자신을 돌아보게 되고 후회가 밀려들었다고 한다. 지금은 '엄마 이쁘다,' '사랑한다'는 말을 무한 반복하고 있다고 한다. 심각하고 무거워 보였던 그의 표정이 한결 밝고 가벼워 보였다. 곧 아내와 아이들에게도 용기를 낼 것이라 기대한다.

표현에 인색한 또 다른 사람을 만나보자. 창순 씨는 부부 관계의 어려움을 해결하고자 상담실을 방문하였다. 창순 씨와 경희 씨는 서로 정반대의 성격으로 오해와 갈등이 쌓인 커플이었다. 외향적인 경희 씨는 마음속에 있는 것을 담아두지 못하고 직설적으로 표현하는 편이라 창순 씨에게 때로는 부담이 되고 상처가 될 때도 있었다. 하지만 창순 씨는 내색을 하지 않았고, 아내의 요구에 어느 정도 맞춰준다면 아내가 불만이 없고 좋아할 것이라고 생각했다. 하지만 창순 씨의 아내는 남편의 수동적인 태도가 맘에 안 들었다. 거절하지 않고 요구에 응해주는 것은 고맙지만, 먼저 하자고 제안하는 일이 없고, 남들은 쉽게 일상에서 주고받는 자잘한 애정표현도 없으니 자꾸 외롭게 느껴졌다는 것이다.

창순 씨가 애정표현에 서툰 탓도 있지만, 더 큰 이유는 여기에 있었다. 어떤 마음이든 그 마음이 100%가 아니라면 말로 표현할 수 없다는 것이었다. 예를 들어, 아내가 "나 사랑해?"라고 물으면 우물쭈물 말을 못하게 되는 이유가 100%

사랑한다고 말할 수 있을지 본인도 확실하지 않기 때문이라는 것이다. 그러면 아내를 좋아하냐고 질문을 바꾸었더니 바로 고개를 끄덕였다. 한 치의 의심도 없이 정확해야만 표현한다는 그의 고지식함을 이해하게 되자 이야기가 쉽게 풀렸다. 너무 쉽게 하는 표현도 신뢰하기 힘들 수 있지만, 그렇다고 100% 마음의 확신이 들어야만 표현한다는 것 역시 지나치다. 설사 그보다 못한 마음이라도 표현하면 몇 배 아니 몇십 배 커질 수도 있음을 기억하자.

혹시 당신도 평생 이렇게 살아서 어떻게 표현해야 할지 모른다고 말할 것인가. 멋들어지고 세련되게 마음을 표현하려고 할 필요가 없다. 서툴고 어색하면 좀 어떤가. 오히려 멋없고 소박한 표현이 더 진심으로 와닿을 때가 많다. 그러니 묵히지 말고 숨기지 말고 표현해보자. 잃을 것보다 얻을 것이 훨씬 더 많다는 것을 알게 될 것이다.

단호한 선 긋기,
거절하기

+

거절이 쉬운 사람은 아무도 없다.

상대가 어떻게 나오든,

"미안하지만 어렵겠어"라고

한 번 밝힌 거절 의사를 일관되게 유지해야 한다.

살다 보면 거절해야 하는 상황이 많이 생긴다. 하지만 내가 힘들고 손해를 보더라도 거절하는 것보다는 그게 편하고 익숙하다는 이유로 싫다는 내색도 못하고 어정쩡하게 받아들이는 사람들이 있다.

수영 씨는 친하게 지냈던 친구가 점점 무례한 부탁을 하는 것이 불편해서 관계를 피하다가 종국에는 관계가 끊어졌던 경험을 이야기했다. 그 친구는 친하다는 이유로 매일 도서관 자리를 맡아 달라는 부탁을 너무 아무렇지 않게 했다고 한다. 친한 사이니까 그런 부탁을 들어주는 것이 당연하다는 생각이 들었지만 매번 아무렇지 않게 부탁하는 것이 속으로는 불편하고 껄끄러웠다. 그런 부탁이 껄끄러웠음에도 불구하고 거절을 하거나 불만을 이야기하지 못하고 혼자 속앓이를 하다가 관계를 끊어버리는 일이 종종 있다고 했다.

거절을 하거나 불만을 이야기하지 못하는 이유를 묻자, 친한 사이인데 거절을 해도 되는 것인지 확신이 들지 않는 게 일차적인 이유이고, 표현을 했을 때 상대방이 내 말을 받아주지 않고 오히려 화를 내거나 상처를 받아서 관계가 틀어질까 봐 염려가 되는 것이 또 다른 이유였다. 한마디로 불편하고 갈등이 될 만한 상황을 피하고 싶었던 것이다.

갈등을 좋아하는 사람은 없다. 내 의도와 상관없이 갈등이 일어나기도 하고, 피하고 싶다고 모두 피할 수도 없는 노릇이다. 좋은 관계를 위한 것이니 남들도 나와 같은 마음을 것이라 기대하고 먼저 배려하고 이해하는 호의를 보였다가 예상치 못한 일로 배신감과 억울함을 여러 번 경험한 후에나 다른 사람들은 내 마음과 다를 수 있다는 진실을 마주하게 된다.

아무리 친한 사이라도 지켜야 할 예의가 있고 넘지 말아야 할 선이 있다. 그러나 넘지 말아야 할 '선'이라는 게 참 주관적이라서, 그래도 되는지 아닌지의 결정은 본인 자신이 해야 함에도 불구하고 사회적으로 수용할 만한 객관적인 기준이 있다고 믿고 있다면, 자신의 결정에 대한 확신이 어려울 수 있다.

나는 수영 씨에게 이야기했다. 남들 보기에 혹은 사회적으로 수용할 만한 객관적인 기준을 찾으려고 하지 말고, 내 감정이 껄끄럽고 불편하다는 걸 알아차렸다면 그것이 내게 넘지 말아야 할 '선'을 넘었다는 신호라고 생각하라고 전했다. 그 기준은 나한테 있는 것임을 인정하라는 것이다. 상대방이 친한 사이에 이 정도는 당연한 것이라고 생각한다고 해서 그것이 나의 기준이 될 이유는 없다. '내가 허용할 수 있는 선은 여기까지'임을 상대에게 알려주는 것이 나를 지킬 수도 있고, 관계를 지속시킬 수도 있다. 그러니 외부에서 그 기준을 찾으려 하지 말고, 우선 내 느낌과 감정, 욕구를 알아차리는 것이 중요하다.

내 허용치를 넘어섰다는 것을 알았다면, 어떻게 거절을 할 것이냐의 문제가 남는다. 거절을 하게 되면 상대방이 나를 어떻게 볼까, 상처를 받지는 않을까, 관계가 서먹해지는 건 아닐까 여러 걱정이 앞선다면, 당연히 거절하는 일이 쉽지 않을 것이다. 관계를 해치지 않으면서 거절을 잘할 수 있는 완벽한 방법을 찾는다면 곤란하다. 세상에 완벽하게 거절하는 방법은 없다. 아무리 잘 거절했다 해도, 상대의 마음이라는 변수가 있음을 알아야 한다.

다만 거절을 한다는 것은 나를 지키고 상대와의 관계를 지속시키기 위한 긍정적인 의도가 있다는 것을 상기시키고, 조금만 용기를 내보자. 거절하지 못해 겪는 고통은 고스란히 내 몫이 된다는 것을 알지 않는가. 적어도 상대가 무례하게 느끼지 않도록 정중하게 거절할 수 있는 방법을 함께 찾아보도록 하자.

누구나 갑자기 예상치 못한 부탁을 받는다면 당황하게 된다. 확실한 의사를 전하지 못하고 애매하게 얼버무리다가 승낙을 해버리는 경우도 있고, 거절하려는 결심을 실천하려고 했지만 얼굴을 직접 보고 말하는 것이 부담스러워서 포기할 수도 있다. 특히 내향인들에게는 아주 곤란한 상황이다. 이럴 땐 부탁을 들은 그 자리에서 '좋다,' '싫다' 중 하나를 정해서 곧바로 대답하기보다는 잠시 시간을 달라고 요청해볼 수 있다. 내 상황을 고려하여 생각을 정리하고 어떻게 마음을 전할지를 곰곰이 간추린 후에 문자 메시지로 간결하게 전하는 것이 더욱 안전하게 느껴질 수 있다.

상대방의 입장과 감정을 헤아려 아주 어렵게 거절 의사를 밝혔는데도 상대방이 여러 번 계속해서 부탁을 해오는 경우가 있다. 친하다는 이유로 혹은 내 사정을 이해하는 사람은 너밖에 없다는 식으로 붙들면 거절하기가 쉽지 않다. 나로 인해 상대방이 힘들어질 수 있다는 죄책감이 발목을 잡는다.

결국 난처함을 견디지 못해, "그래, 그렇다면 할 수 없지. 이번이 마지막이야"라고 거절 의사를 철회하게 된다. 거절해도 소용없다면서 부탁에 응한다면, 나는 내 입장과 내 상황, 내 감정과 상관없이 상대에게 휘둘리게 되는 것이다. 그러니 어렵지만 이 고비를 잘 넘겨보자. 상대가 어떻게 나오든, "미안하지만 어렵겠어"라고 한 번 밝힌 거절 의사를 일관되게 유지하는 것이다. 그래야 나를 지키는 명확한 선 긋기가 성공할 수 있다.

독일의 관계심리 전문가 롤프 젤린Rolf Sellin은 이렇게 말했다. "오랫동안 좋은 관계를 지속하는 힘은 무한한 친절과 배려가 아닌 단호한 선 긋기에서 나온다." 나의 상황이나 입장, 나의 감정을 배려하거나 존중하지 않는 사람과의 우정을 계속 지켜야 할 의무는 어느 누구에게도 없다. 상대가 가족이나 연인, 절친일지라도.

　내향인들에게 거절하기 어려운 또 다른 상황은 회식이나 각종 행사나 단체모임에 강제로 참여해야 할 경우나 혹은 초대를 받았을 경우이다. 알다시피 내향인들에게는 많은 사람들이 모여 있는 시끌벅적한 자리를 그다지 선호하지 않는다. 어떤 사람들에게는 흥겹고 재미있을지 몰라도 내향성이 높은 사람들은 쉽게 피로해지고 지치기 때문에 빨리 자리를 피할 생각만 한다. 그러나 남들은 다들 즐거워 보이는데 나만 이상한 것 같고, 말 한마디 잘못 했다가 분위기 망칠 것 같아서 말도 못하고 끙끙 앓다가 집으로 돌아가는 길에는 탈진된 상태, 소위 기 빨린 상태가 되기 쉽다.

　일단 나의 몸과 감정상태를 점검해보자. 여기까지다 싶은 한계를 알고 있어야 대처하기가 쉽다. 대략 1~2시간까지는 함께 즐겁게 있을 수 있다면, 그 선을 지키도록 해야 한다. 그 선을 알면서도 후폭풍이 있을까 봐 걱정되거나 적당히 눈치 있게 빠져나오기에 적절한 타이밍을 놓쳐서 끝까지 남아 있는 경우가 많다. 사회생활을 하려면 적당히 맞추고 즐기는 것도 필요하기는 하나, 내 몸과 마음 상태가 균형을 잃고 곪아 터지도록 방치해서는 안 되지 않는가. 나를 지켜줄 사람은 나밖에 없다. 그러니 어디까지인지 허용할 수 있는 한계를 명확히 알아두자. 그런 다음엔 화장실 잠시 다녀온다고 살짝 빠져나오든지, 너무 업된 분위기라면 그냥 아무 말 없이 조용히 나와도 괜찮다. 나온 후에 옆에 앉았던 한 사람에게 '집에 일이 있어서 먼저 간다'는 문자를 짧게 남겨보도록 하자. 내가 중간에 사라졌다고 처음엔 서운해하는 사람들도 있겠지만, 조금 지나면 다들 나 없이도 즐거운 시간을 보내고 있을 가능성이 더 높다.

나를 지키고 관계도 살릴 수 있는 선 긋기를 실천할 수 있는 또 다른 대안으로,《조용해도 민감해도 괜찮아》의 저자 일자 샌드의 제안을 주목해보자. 저자는 내가 선호하지 않는 방식의 모임에 참여하느라 많은 스트레스를 받는 내향인들에게 주도적으로 사교모임을 만들어볼 것을 제안한다. 내가 원하는 방식의 사교모임을 계획하여 사람들을 초대하는 것이다. 내가 원하는 시간대를 정하고 초대하고 싶은 사람들, 모임의 프로그램 등을 대략 구성해서 공지한다. 사람들을 싫어하는 것이 아니고 다만 즐기는 방식이 다를 뿐임을 전달할 수 있는 최고의 기회가 될 수 있지 않을까.

'나' 자신보다 더 소중한 사람은 없다. 남들에게 친절을 베풀고 이해하고 배려하듯이 나 자신에게도 그러해야 한다. 그러려면 나를 지킬 수 있는 '선'을 명확히 알고, 단호하게 선 긋기를 실천해보자. 당신은 소중한 사람이니까.

외로움 때문에,
외로움 덕분에

+

이제 혼자가 더 편하다는 것을 경험하고,

혼자 있는 사람들에 대한 시선도 많이 바뀌어서

혼자 먹고 즐기는 일이 아주 자연스러워졌다.

더불어 혼자 있는 시간을 대하는

자세 역시 바뀌어가고 있다.

맞고 틀리다는 아닐 것이다. 하지만 바쁘게 사는 삶, 열심히 사는 삶이어야 한다고 배웠던 것 같다. 성공한 이들의 자전적 이야기가 수많은 사람들에게 읽혀졌으며 우리는 그들을 롤모델 삼았다.

나 역시 지루하고 심심할 틈 없었다. 숨 가쁘게 바빴던 지난 날들이 스쳐 지나간다. 그래야 한다는 강박관념에 다들 너무너무 열심히 살아왔다. 바쁘게 치열하게 살아야 한다는 사회적 시선이 강했다. 성공, 성장, 발전을 내세워 너도나도 보이지 않는 그 무언가를 이루어야 한다고 홀린 듯이 쫓아갔다. 그래서 이루어낸 것도 많기에 그걸 탓할 생각은 없다. 그러나 놓친 것도 많음을 인정하자는 말을 하고 싶다. 이래야 하고 저래야 한다는 틀에 나를 맞춰가며 휩쓸려 살아가고 있는 삶을 깊이 들여다볼 때가 된 것이다. '잘 살고 있는 거냐고? 행복하냐고?' 묻는 목소리가 들리지 않는가.

때가 되었다는 걸 직감하면서도 지금 당장은 아닐 거라며 자꾸 미루다가, 더 이상 미루지 못할 사건이 터졌다. 지난 2020년 코로나가 들이닥친 것이다. 정말 전 국민이, 아니 전 세계인이 잊지 못할 2020년이었다. 아무 준비도 없는 상태에서 갑자기 들이닥쳤기에, 상상도 하지 못했던 세계가 펼쳐졌다. 일상을 송두리째 바꿔놓았으니 정말 그 위력은 대단했다. 세상으로부터 격리되거나 스스로 단절해야 하는 경험을 강제적으로 할 수밖에 없었다. 코로나 덕분이라고 말할 수 있을지 모르겠으나 어찌 됐든, 고독이나 외로움, 지루함은 이제 피할 수 없는 것이 되었고, 어느새 자연스러울 정도로 익숙해졌다.

혼자 있는 시간이 늘어났고, 그만큼 함께하는 활동, 함께 즐기기 위한 아이템보다는 혼자 즐길 수 있고 혼자 있는 사람들을 위한 아이템들도 엄청 늘어났다. 또한 예전에는 남들 눈에 혼자인 사람, 즉 친구도 없고 사교성도 없는 외톨이라고 보여질까 봐 두려워했던 게 일반적이었다면, 이제 혼자가 더 편하다는 것을 경험하고, 혼자 있는 사람들에 대한 시선도 많이 바뀌어서 혼자 먹고 즐기는 일이 아주 자연스러워졌다. 더불어 혼자 있는 시간을 대하는 자세 역시 바뀌어가고 있다.

오래전 상담실을 찾은 정호 씨가 떠오른다. 오랫동안 사귄 여자친구와 헤어진 이후, 주말이 되면 혼자 있는 시간을 견딜 수 없어서 지인들에게 전화하고 약속을 정해 하루 종일 밖에서 사람들을 만나고 집으로 돌아오면 혼자 남겨진 자기 자신을 마주하는 게 무척 고통스럽고 외로움이 더 짙어진다고 했다. 혹시나 누군가가 주말 계획을 물어오면 아무 약속도 없이 집에 혼자 있을 거라고 말하는 것이, 너무 초라해 보이고 수치스러워서 일부러 없는 약속을 만들어가며 혹사시켰던 것이다.

《가끔은 격하게 외로워야 한다》를 쓴 김정운 작가는 책에서 이렇게 말했다.

"외로움은 그저 견디는 것입니다. 외로워야 성찰이 가능

합니다. 고독에 익숙해져야 '타인과의 진정한 상호작용'
이 가능해집니다. '나 자신과의 대화인 성찰'과 '타인과
의 상호작용'이 가지는 심리학적 구조가 같기 때문입니
다. 외로움에 익숙해야 외롭지 않게 되는 것입니다. 외로
움의 역설입니다.″

저자의 말처럼 우리는 외로움에 익숙할 틈조차 주지 않았
기에 외로움과 친해지지도 못했을뿐더러 외로움의 가치를
알지 못했던 것이다.

신혼 때의 일이다. 남편과의 깊은 소통이 어렵다는 이유
로 크게 낙심하여 우울해한 적이 있었다. 그때 당시 나의 화
두가 '소통'이었기 때문에, 상담자를 위한 교육이나 집단 상
담에 가면 늘 그 주제가 튀어나왔다. 그만큼 간절해서였을까.
간절한 소망을 담아 별칭(요즘은 닉네임이라고 지칭하는)을 하
나 정했었는데, 지금까지도 애용한다. '나이소충'이라는 별칭
인데 '나를 이해하고 나와 소통이 되면 충만해진다'라는 의
미를 담아 지은 것이다. 당시 소통이 잘 안 되는 남편을 내
마음대로 바꿀 수 없다는 것을 인정하고, 대신 그런 나를 더

이해하고 나와 소통이 되는 것을 목표로 방향을 틀게 된 것을 기념으로 당시의 깨달음을 잊지 않기 탄생한 별칭이었다. 세상에 바꿀 수 있는 건 오직 '나' 자신뿐이라는 진리를 아프지만 받아들이기로 다짐한 셈이었다. 여전히 말처럼 쉬운 일이 아니지만 평생의 화두로 가지고 가자고 마음을 먹은 뒤로는 한결 마음이 편안해졌고, 남편을 원망하는 일도 자연히 줄어들게 되었다.

좋아하는 사람과 함께한다면, 외로움도 지루함도 있어서는 안 된다고 단단히 믿었던 나의 마음 때문에 혼자 있을 때보다 더 지독히 외로웠지만, 그 외로움 덕분에 내 자신을 깊이 바라보고 이해할 수 있게 되었다. 그 외로웠던 순간 덕분에 외로움을 혐오하지 않고 오히려 성찰의 시간으로 활용할 수 있게 된 것이다. 외롭지 않다면 인간이 아니다.

에크하르트 톨레는 《고요함의 지혜》에서 밖의 고요함을 의식하는 순간 안의 고요함이 깨어난다고 말했다. 바깥이 소란할지라도 그 소란함을 살짝 걷어내면 바로 그 아래에 고요함이 있을 것이니, 온전히 맑은 마음이 거하는 내면의 평화로운 허공, 바로 고요함으로 들어가라고 하였다. 그 고요함

속에서 지혜가 나오고 창조성도 나온다는 것이다. 그러니 외로움과 지루함을 싫다고 피하려고만 하지 말고, 내 안의 고요함을 만날 수 있는 절호의 기회로 삼아보는 것이 어떨까.

　잠시 눈을 감아보자. 당신은 지금 조용한 산사에서 눈 내리는 풍경을 바라보고 있다. 산사의 작은 툇마루에 앉아 까만 밤하늘 사이에서 쏟아져 내리는 하얀 눈들을 그저 감탄하면서 바라볼 뿐이다. 순식간에 사방은 눈으로 덮이고 더 이상 대수롭지 않은 일에 목메지 말라는 듯이, 귀담아듣지 않아도 될 일에 귀 기울이지 말라는 듯이, 잠시 멈추고 오롯이 지금 이 순간에 집중하라는 듯이, 아름다움이나 행복은 바로 지금 이 순간에 있는데 어디를 바라보고 어디를 가려고 하느냐고 깨우치려는 듯이 나를 멈춰 세우고 세상을 멈춰 세운다.

　그야말로 기적과도 같은 순간이다. 그곳이 어디이든 눈 내리는 풍경을 바라보는 동안 세상의 온갖 시끄러운 잡음들을 모두 진공청소기로 흡수한 듯이 그렇게 고요하고 적막할 수가 없다. 그 과정은 요란스럽지 않으면서도 그 모두를 멈춰 세우는 힘은 어마어마하다. 조용하지만 무엇보다도 강렬하다. 지나가는 사람들도 없고 세상이 멈춘 듯 나도 멈춰 서서 한동안 눈 내리는 풍경을 넋 놓고 바라볼 수 있겠는가. 순간, 내 안에서의 소란함도 차츰 잦아들고 고요해지고 있음을 느낄 수 있는가.

외롭다고, 홀로 있는 시간이 괴롭다고 말하고 있는가. 이 시간은 목적 없이 앞만 보고 달리는 바쁜 현대인들에게 반드시 필요한 자기 성찰의 시간이다. 나의 외로움을 채워줄 누군가를 무언가를 찾아 헤매고 있다면, 바로 지금이 기회다. 그 시선을 나에게 돌려보자. 내 안의 고요함을 만날 수 있는 소중한 시간이다. 자기 성찰의 시간이 없으면 삶의 의미도 만족감도 없다.

중요한 건
관계의 폭이 아니라 깊이

+

더 많은 관계를 갖는 것이

더 나은 것은 아니라고 생각해.

중요한 건 삶에 대해 갖는 자기만의

독특한 체계가 아닐까. 난 삶의 형태에 관해

우리가 좀 더 자유로워져야 한다고 생각해.

- 전경린, 《사교성 없는 소립자들》

내향성이 높은 사람들이 상대적으로 사교성이 떨어지는 건 사실이다. 새로운 사람을 사귀기를 좋아하거나 쉽게 사귀는 성질이라는 사전적 의미로 따지자면 그렇다. 사람들을 싫어한다거나 대인관계를 못한다는 것을 의미하는 것이 아님에도 불구하고, 여전히 그러한 편견이 존재한다. 심각하고 어두운 표정을 지녔고 주변에 함께 다니는 친구가 별로 없는 비매력적인 사람이라는 이미지를 떠올리기 쉽다. 이렇듯 사교성이 떨어지는 사람들을 바라보는 시선이 긍정적이지 않은 것 또한 사실이다.

요즘에는 MBTI를 모르는 사람이 없을 정도로 대중적이지만, 내가 상담 공부를 처음 시작했을 당시, 벌써 20여 년 전이다. 그때만 해도 MBTI라는 말은 상담 현장에서나 사용되는 전문적인 용어였다. 당시 상담계에 입문한 새내기였던 나는 상담 관련 연수나 교육뿐만 아니라 부지런히 상담을 받으러 다녔던 시기이다. 한번은 상담계에서는 꽤 유명하다고 알려진 선생님에게 상담을 받으러 간 첫날, 배움에 대한 열정과 의욕이 넘치던 새내기에게 해서는 안 되는 말을 들었다.

나의 MBTI 유형을 물어보시고는 대답을 듣자마자, 대뜸 "사람들을 잘 못 사귀지? 친구 관계가 별로 좋지 않겠네"라고 가볍게 말씀하시는 것이었다. (대부분의 상담자들이 이렇게 심리검사 결과 하나만을 보고 성격이 이렇다저렇다 평가하지는 않으니, 오해가 없길 바란다.) 그때는 가볍게 웃고 넘겼지만(정말 그런 사람으로 보일까 봐 두려웠던 나머지), 정말 유쾌하지 않았던 경험으로 기억된다. 반드시 이 경험 때문이라고 할 수는 없지만, 사람들이 별로 좋아하지 않는 성격을 가진 사람으로 낙인찍힌 기분이었다. 그리고 그 이후로는 MBTI와 같은 부류의 성격유형 검사들을 별로 선호하지 않고 신뢰하지도 않게 되었다. MBTI에 대한 부정적인 편견이 생긴 것이다. 소심한 반항이라 불러도 할 말이 없다.

이러한 내향성에 대한 오해와 편견을 말끔히 씻겨줄 만한 구절을 발견하여 반가운 마음을 담아 여기에 잠깐 소개하겠다. 바로 전경린이 쓴 에세이《사교성 없는 소립자들》에 나오는 구절이다.

"너의 정서에 맞게 결정하렴. 네 인생에 흐름에 맞게, 모든 관계는 예속을 가져오거든. 네가 얻는 만큼 그것에 대해 기여해야 하는 거야. 네가 가진 타인에 대한 용량은 얼마일까. 타인에 대한 너의 의존도는? 타인과의 적정한 간격은? 타인도 다른 것들과 마찬가지로 탐닉이지. 타인이라는 존재도 알코올이나 도넛만큼 달콤하고 위협적이고 받은 만큼 주고 준 만큼 받아야 하는 갈등을 가져오는 민감한 사안이거든. 더 많은 관계를 갖는 것이 더 나은 것은 아니라고 생각해. 중요한 건 삶에 대해 갖는 자기만의 독특한 체계가 아닐까. 난 삶의 형태에 관해 우리가 좀 더 자유로워져야 한다고 생각해. 그리고 타인에 대해서도."

외향적인 사람들에 비해 대부분의 내향인들이 사교성이 떨어지는 것은 사실이나 그것을 결핍의 문제로 바라보지 말

자. 상대적일 뿐이고, 대인관계에 있어서 서로 가지고 있는 강점이 다를 뿐이다. 사교성이 좋은 외향적인 사람들은 낯선 사람들에게 쉽게 다가가 대화를 하고, 만나는 이들과 금방 친구가 된다. 사람들을 좋아하고 인맥도 넓다. 혼자 있을 때보다 사람들과 함께 있는 순간이 더 많아 보인다. 연말이면 참여해야 할 모임이 한둘이 아니어서 며칠 동안 밤새 파티를 해도 끄떡없는 밝은 에너지를 가졌고, 누구를 만나든 유쾌하고 즐거운 분위기를 주도한다. 솔직히 부럽다.

이에 비해 내향인에 가까운 사람들은 소수의 사람들과 깊이 있는 대화를 선호한다. 재미있고 즐거운 분위기를 싫어하는 것이 아니라, 사람들이 많은 것 자체가 자극이 되기 때문에 쉽게 피로해지는 것뿐이다. 그래서 편안하고 조용한 분위기를 더 선호한다. 말을 많이 하기보다는 듣는 것을 좋아하지만, 관심 있는 주제에 대해 이야기할 때는 수다쟁이가 따로 없다. 밤새 시끄러운 모임이나 파티를 즐기기는 어려울수 있으나, 내향인들도 상대와 말이 통하면 밤새 이야기꽃을 펼칠 수 있다. 다만 가벼운 농담이나 일상적인 이야기가 아니라, 주제가 있는 대화를 나눈다는 가정하에서. 그리고 중요한 것은 많은 수의 친구들을 가진 것보다 오랜 추억을 공유하고 있는 소수의 친구들이 있다는 것을 더 소중히 여기고 만족해한다는 것이다.

2010년 〈심리과학Journal Psychological Science〉지에 '행복과 대화'에 관한 흥미로운 연구가 게재되었다. 이 연구를 수행한 마티아스 멜Matthias Mehl 등의 연구팀에 따르면 행복한 사람과 그렇지 않은 사람의 대화 형태가 다르다는 것인데, 우선 어떻게 연구를 수행했는지 간단히 살펴보겠다.

연구팀은 참가자들의 셔츠 칼라에 소형마이크를 달아 나흘간 12분 30초마다 30초씩 대화를 녹음했다. 녹음된 대화를 들으면서 날씨나 최근에 본 TV 프로그램과 같이 피상적이고 시시콜콜한 대화를 '잡담'으로 분류하였고, 이보다는 좀 더 내용이 있는 대화, 즉 TV프로그램에 대한 이야기라고 해도 등장인물이나 의도를 분석하는 이야기, 혹은 철학적인 주제나, 현 사회문제와 같은 구체적이고 진지한 대화를 '내용이 있는 대화'로 분류했다. 또한 참여자들 스스로 작성한 자신의 삶의 만족도를 평가한 자료와 주변 사람들의 피드백을 통해 얻은 자료를 모두 취합하여, 참여자들의 행복도를 조사하였다.

연구 결과, 전체 참가자들의 대화 중에 35.5%는 '내용 있는 대화'이고, 17.9%가 '잡담'이라는 것을 확인했다(나머지 대화는 두 범주 어디에도 속하지 않았다). 그리고 행복과 대화의 관계를 알아본 결과, 가장 행복한 사람은 하루 대화 중 '내용 있는 대화'가 46%, '잡담'은 10%를 차지했던 반면, 가장 불행한 사람은 하루 대화 중 '내용 있는 대화'가 22%, '잡담'은 29%인 것으로 나타났다.

　　의미 있고 주제가 있는 대화를 지향하는 내향인들에게는 반가운 결과가 아닐 수 없다. 의미 있는 대화가 행복과 관련 있다는 것을 입증한 연구 결과에 대해서, 마티아스 멜은 이렇게 설명하였다. '내용이 있는 대화'는 인간이 인생의 의미를 추구하는 존재라는 점에서 의미 추구에 도움이 되며, 다른 사람들과의 깊은 연결을 촉진한다.

　　누구나 의미 있는 삶을 추구하고 어제보다 나은 삶, 행복한 삶을 원한다. 이런 점에서 멜의 연구 결과는 우리가 원하는 삶을 현실에서 어떻게 구체화할 수 있는지 중요한 팁을 제공해준다. 우리는 원하든 원하지 않든 매일매일 사람들을 만나고, 먹고 마시면서도 대화를 한다. 대화가 없는 만남은 거의 없다고 봐도 과언이 아니다. 오고 가는 수없이 많은 말들이 삶의 의미와 만족감, 행복과 관련 있다고 생각해본다면 하루하루 나는 어떤 말들을 하고 있는지 되새겨보는 것도 의미 있을 것이다. 대부분 잡담에서 그친다면 공허함이 뒤따를 테고, 반대로 어느 자리에서든 너무 의미 있는 대화만을 고집한다면 자칫 무겁고 심각한 분위기에 빠지기 쉬워 피곤하고 지칠 수 있다.

그러니 어느 것이 더 좋다고 택일해야 할 것이 아니라, 두 가지를 상황과 맥락에 따라 적절히 사용할 수 있는 균형이 필요하다는 점을 기억하자. '잡담'은 서로에게 관심을 가지고 타인과 접촉할 수 있게 도와주는 윤활유 역할을 지녔다면, 관계의 깊이나 유지는 '의미 있는 대화'에 달려 있다.

코로나 시대의
내향성

+

지친 내 마음을 살리고 불안과 분노로부터

나를 지킬 수 있는 방법들을 배워보자.

스트레스 관리에 탁월하다고 알려진

마음 챙김 명상이 그중 하나다.

2020년 코로나의 무서운 확산으로 전 세계가 떠들썩했을 때, 코로나 위기를 극복하자는 응원 메시지들과 연대의 목소리들을 보고 들으면서 단단해지는 의지와 희망을 보았다. 하지만 곧 좋아질 것이라는 낙관주의는 근거 없는 순진한 환상에 불과했고, 시간이 지나도 여전히 달라진 게 없는 현실을 보며 오히려 비관주의가 늘었다.

'버티자, 힘내자, 이겨낼 수 있다'는 격려의 말은 여전히 필요한 말이기는 하나 김 빠진 맥주처럼 아무런 울림이 없다. 지속적인 좌절과 불안이 분노로 바뀌고, 깊은 우울과 무기력으로 바뀌었다. 시시각각 울리는 안전 안내 문자에도 둔감해진 지 오래고, 시간이 지날수록 될 대로 되라는 식의 쾌락을 쫓는 사람들도 늘어나고 있다.

이제 코로나와 함께 사는 삶, 어떻게 살아가야 하는지를 고민하게 된다. 코로나와 함께하는 일상이 익숙해졌지만, 삶의 질은 확연히 떨어진 게 사실이다. 조금만 버티자는 생각으로 더욱더 애쓰고, 악착같이 자신을 몰아붙이는 삶에 익숙해져서 어느새 자신을 돌보고 위로하고 쉬어갈 수 있는 여유를 잃은 지 오래다. 사람들과의 교류를 통해 얻었던 위안이나 공감도 기대하기 어렵고, 여행도 못 가고 문화예술을 맘껏 즐길 수도 없는 현실적인 한계에 부딪히다 보니, 스스로 마음을 충전하고 에너지를 끌어올릴 수 있는 방법을 찾지 않으면 또 어떤 종류의 위기가 닥칠지 모른다.

학생들은 제한적인 학교생활로 인해, 친구들을 자유롭게 만나기도 새로운 친구들을 사귀기도 어렵다. 온라인 수업에 익숙해지다 보니 오히려 밖으로 나가는 것이 귀찮다는 학생들이 많아졌다. 익명성이 보장된 인터넷 환경에서 만난 사람들과의 교류로 더 큰 만족감을 얻기도 한다. 혼자 있는 시간이 많아지자, 자연히 게임이나 SNS 중독에 빠져드는 경향도 늘어 부모들의 마음이 타들어간다.

하루 종일 집에서 아이들과 함께 지내게 된 전업주부들은 삼시 세끼를 챙겨야 하는 것은 물론이고, 학교와 학원을 대신하여 아이들을 관리하고 지도하는 역할까지 맡게 되었다. 아이들 등교시킨 후에 누렸던 짧지만 꿀 같았던 휴식도 옛말이 되어버렸다. 혼자만의 시간이 허락되지 않자, 뭐라도 배우고 시작해보겠노라고 세웠던 계획도 우선 순위에서 밀려날 수밖에 없다.

힘들게 입시를 끝낸 대학 신입생들은 또 어떠한가. 비대면 강의로 바뀌면서 학교 문턱에도 가보지 못한 경우가 많아 꿈에 그리던 대학 생활을 하나도 즐기지 못했다. 직장인들 역시 재택근무가 많아지면서 출퇴근 시간이나 멀리 출장 갈 일이 줄었으니 분명 시간적 여유가 생겼지만, 코로나 위기 대응 전략을 구상해야 하고, 새로운 기술들을 배우고 연마해야 하는 압박감에 오히려 우울과 불안에 시달리는 일들이 늘었다. 하루살이로 전락한 자영업자들의 고충은 말할 필요도 없다.

행복한 삶을 위해서는 외부에만 초점을 맞추기보다는 자기 자신과 만나는 시간, 다시 말해 내면으로 들어가 내 몸과 마음이 어떠한지 살피고 거칠거나 혼란스러운 마음을 어루

만져 스스로 진정시킬 수 있는 시간이 필요하다. 최근 코로나 이후 사람들과의 교류나 외부 활동을 통해 스트레스를 해소하고 마음을 충전시켜왔던 일상적인 방법을 자유롭게 사용할 수가 없다는 것이 우리를 더욱 지치고 힘들게 한다. 스스로를 고립시키고 스트레스를 방치하는 일도 잦다 보니, 예전보다 화나 짜증이 늘었다. 쫓기는 듯한 조급한 마음과 불안, 해소되지 않은 분노와 짜증 등 눌려 있는 부정적인 감정들을 조절하지 못한다면, 언제 폭발할지 모르는 시한폭탄을 마음에 품고 사는 것과도 같다.

상황을 바꾸는 것이 불가능하다면, 지친 내 마음을 살리고 불안과 분노로부터 나를 지킬 수 있는 방법들을 찾아 배워보자. 내 마음은 내가 살리고 돌봐야 할 책임이 있다. 전문가들뿐만 아니라 일반인들에게도 스트레스 관리에 탁월하다고 알려진 마음 챙김 명상이 그중 하나다.

지금 이 순간에 자연스럽게 변화하는 몸과 마음의 경험에 의도적으로 주의를 기울여 즉각적으로 알아차리는 통찰에 초점을 둔 훈련을 말한다. 고통이나 불안을 회피하지 않고 있는 그대로의 경험으로 받아들일 수 있도록 도와줌으로써 감정 조절에도 효과가 있다고 밝혀졌다. 하지만 이것 역시 과제 수행하듯이, 눈에 불을 켜고 열심히 해야 한다는 생각으로 임하지 말길 바란다. 가볍고 즐거운 마음으로 하는 것이 좋다. 특히 나의 내면으로 떠나는 여행은 그 어떤 짐도 준비도 필요 없다. 매일매일 가볍고 즐겁게, 따뜻한 관심을 가지고 임하면 된다.

지칠 대로 지친 마음을 스스로 치유하고 진정할 수 있는 방법이 특히나 절실한 요즘이다. 그러나 살아남기 위한 생존 본능이 앞서다 보니까 마음은 자꾸 쫓기고 마음의 충전이나 평안은 사치가 되었다. 쉬고 싶어도 쉬어지지 않는 상태가 된 것이다. 계속 달려야 할 것 같고, 멈추면 큰일이 날 것 같다. 당신도 그러한가. 멈추면 큰일이라도 일어날 것처럼 느껴진다면 지금 나와 함께 내면으로 여행을 떠나보자.

과거와 미래의 일은 잠시 접어두자. 어디 멀리 갈 필요 없고 많은 사람들과 함께할 필요도 없다. 잠깐 5분, 10분의 시간과 조용하고 안전한 공간만 있으면 된다. 천천히 눈을 감고 내 안에 수많은 인격체들이 산다고 가정해보자. 열심히 앞만 보고 달리는 아이도 있고, 힘겹다고 소리치며 지쳐 하는 아이도 있을 것이다.

균형이 중요하다. 어느 것 하나만 중요하다고 선택하고 버려지는 일이 없도록 두 아이 모두를 똑같이 바라보자. 외롭다고 힘들다고 울부짖는 아이가 보이는가. 쉬고 싶다고 아무것도 하고 싶지 않다고 무력해져 있는 아이가 있는가. 그동안 외면하고 소외시켰던 그 아이를 바라보면서 지금 당신의 마음이 어떠한지 느껴보자. 안쓰럽고 미안한 마음이 든다면 천천히 다가가서 그 마음을 전하자. 당신이 함께 있다는 것을 알려주고, 따뜻한 눈으로 필요한 게 무엇인지 하고 싶은 말이 무엇인지 들어주자.

어차피 외부와의 접촉을 줄이고 홀로 지내는 일상에 익숙해진 요즘이야말로 내향성을 발휘하기에 좋은 시기이다. 많은 사람들이 알다시피 외향인들의 에너지 충전 방식은 외부활동이나 사람들과의 만남을 통해서이다. 하지만 코로나로 인해 사람들과의 접촉이 자유롭지 못한 현재로서는 외향인의 충전 방식을 고집하는 것은 다소 무리이다.

그렇다고 내향인들이 훨씬 더 만족스러운 삶을 살고 있다고 말할 수 있을까. 사회활동의 제약에 크게 불편을 느끼지는 못한다 하더라도 친밀한 사람들과의 깊은 교류와 의미 있는 대화가 어려운 지금의 상황이 썩 만족스럽지는 못할 것이다. 그렇다면 어떻게 하면 좋을까. 내향성이 지닌 섬세함과 창의성을 끌어내보는 것도 좋은 대안이 될 수 있다.

중학교 3학년이 된 승수는 코로나 이후 학교에 가는 날보다 못 가는 날들이 더 많아서 친구들을 만나지 못하는 것이 가장 스트레스였다. 하지만 좋은 점도 생겼다. 친구들과 어울려 노는 것 이외에 특별한 취미가 없었던 승수는 혼자 있는 시간이 많아지자 어느 날 게임 캐릭터를 그려보고 싶다는 생각이 들면서 컴퓨터로 그림을 그리기 시작했다. 한 번도 그림을 배워본 적 없지만 컴퓨터로 그림을 그리는 일에 재미를 느껴 꾸준히 연습을 해온 결과, 지금은 캐릭터를 창조하는 일에 흠뻑 빠져 있다. 코로나 덕분에 자신의 흥미와 재능을 발견하게 된 셈이다.

40대 후반 직장인 상민 씨는 코로나 위기를 기회로 삼아 새로운 삶을 찾았다. 그 역시 다람쥐 쳇바퀴 도는 삶에 지친 여느 샐러리맨들과 다름없었다. 대부분의 중년들이 그러하듯이 앞만 보고 열심히 살아온 자신에 대해 측은한 생각과 함께 막연히 다르게 살고 싶다는 마음만 있을 뿐 지금의 삶을 멈출 수가 없었다. 하지만 코로나 이후 재택근무를 하면서 새롭게 접한 온라인 회의 공간을 통해 전국 각지는 물론 미국이나 중국에 있는 사람들과 함께하며 새로운 지식을 배우고, 자신의 재능과 경험을 나눌 수 있게 되었다.

이러한 경험은 좁은 세상에 갇혀 있던 자신을 발견하고, 시야를 넓힐 수 있는 계기가 되었다. 지금은 새벽과 주말 시간대를 정해 새로운 분야를 함께 공부할 스터디 그룹을 만들어 온라인에서 만난 사람들과 활발하게 교류를 하고 있다. 전성기라고 불러도 좋을 만큼 신나고 열정적인 삶을 살고 있는 셈이다.

자존감 높은
아웃사이더

+

아직 꽃을 피우지 않았을 뿐

내향인들의 조용하지만 분주한 내면에는

책임감, 겸손함, 섬세함, 예리한 분석력, 놀라운 집중력,

수많은 창의적인 아이디어들이 숨겨져 있다.

언제부터인가 젊은 세대 사이에
서 사용되기 시작한 '인싸' 혹은 '아싸'라는 신조어가 이제 흔
한 말이 되었다. '인싸'는 인사이더insider의 줄임말로, 조직이
나 집단에서 핵심 또는 중심이 되는 사람을 의미한다. 외모
나 능력이 뛰어나서 무리에서 두드러지는 사람뿐만 아니라
친화력이 좋고 다양한 모임이나 활동에 적극적으로 참여하
는 사람들을 일컫기도 한다. 여기서 한발 더 나아가 '핵인싸'
라는 말도 있는데 인싸 중에서도 상대적으로 영향력이 큰 인
싸를 뜻한다.

인싸와 대비되는 말로 사용되는 '아싸'는 아웃사이더outsider
의 줄임말인데, 무리에 끼지 않고 혼자 지내는 사람을 뜻한
다. 다양한 사람들과 관계를 맺는 것을 꺼려 하고 함께 어울

리는 것을 불편해하는 사람들을 말하기도 해서 내향적인 사람들이 이 부류에 속할 가능성이 높다고 볼 수 있다. 유명 유튜브 크리에이터나 SNS 인플루언서와 같이 연예인 못지않은 인기를 누리고 있는 일반인들을 보면서, 아직은 많은 사람들이 '인싸'를 선망하고 동경하는 사회적 분위기가 전반적이라는 사실을 알 수 있다.

하지만 유행보다는 개인의 가치관과 개성을 보다 중요시하는 분위기도 무시하지 못할 정도로 확산하는 추세이다. 실제 직장 내에서도 인맥을 잘 쌓아 인정받으려 하기보다는 개인의 능력이나 역량을 키우고, 일과 여가생활의 균형이라는 가치를 더 선호하는 소위 '자발적 아싸'를 지향하는 젊은이들이 늘어나고 있다는 점에서 이제 '아싸', 즉 '아웃사이더'의 모습도 재조명될 필요가 있다고 생각한다.

하버드대학교에서 심리학을 강의하는 브라이언 리틀Brian Little 교수는 지난 수십 년간 외향성의 가치가 높게 인정받은 것은 사실이지만 점차 내향성의 가치에 주목하기 시작했다고 했다. 그는 한 인터뷰에서 한국은 현대적이고 빠르고 기술 주도적이며 신세계적인 혁명을 원하는 외향성의 가치와

보수적이고 차분하고 사려 깊고 동양적인 내향성의 가치 모두를 가지고 있다면서, 이 두 가지 가치의 창조적인 조화가 중요하다고 말했다. 이를 위해서는 변해가는 사회의 요구와 특정 가치에 맞추기 위해 스스로를 몰아붙이지 말고, 자기 자신과의 화해를 통해 활기를 찾을 것을 당부하였다.

《사랑받을 권리》를 쓴 일레인 N. 아론은 스스로 가치 없다고 평가하는 심리기제를 '못난 나undervalued self(과소평가된 나)'라고 명명하였다. 어느 누구도 완벽할 수는 없다. 잘난 면이 있다면, 못난 면도 있는 법이다. '못난 나'는 언제부터 생겼는지 모르지만 피하고 싶고, 보기 싫고, 드러날까 두려워 숨기고 싶은 나의 일부분이다.

어쩌면 삶이란 게 내 안의 '못난 나'를 마주하고 인정하는 대신, 그 부족한 부분을 메꾸기 위해 치열하게 나를 가꾸고 다듬어가는 과정의 연속이라는 생각도 든다. 그런 과정을 통해 우리는 더욱 성숙해지고 더욱 단단해지기도 하니까. 하지만 이것도 과하면 독이 되는 법이다.

이를 피하기 위한 방편으로 앞만 보고 무작정 달린다고 해서 '못난 나'가 사라지지는 않는다. 잠시라도 멈칫하거나 헛

발질하게 되는 순간 혹은 뜻대로 돌아가지 않고 좌절을 맛보는 순간 사라진 줄 알았던 '못난 나'를 느끼게 된다. 벗어나려고 안간힘을 쓸수록 더 바짝 다가오는 것 같아 섬뜩하다. 물귀신이나 거머리처럼 지긋지긋한가?

부족하다고 못났다고 외면했던 '못난 나'를 끌어안고 그 안에 숨겨진 긍정적인 씨앗을 찾고, 이를 무기 삼아 한 걸음씩 나아가보자. 남들의 눈으로, 세상의 잣대로 평가하느라 내 못난 부분을 제대로 몰라봤다면 나 스스로에게 깊이 사과해야 할 일이 아닐까. 앞에서도 여러 번 이야기했지만 어느 부분이든 긍정적인 측면과 부정적인 측면 모두 가지고 있다. 한쪽만 바라보았다면 또 다른 쪽도 들여다볼 필요가 있다.

군이 유명인들을 찾아 멀리 갈 필요 없다. 모든 사람들이 알고 있는 아인슈타인, 버락 오바마, 스티브 잡스, 넬슨 만델라, 워런 버핏은 내향인을 대표하는 성공적인 인물로 꼽힌다. 하지만 군이 이들을 쫓을 필요는 없다. 세상의 거의 절반이 내향인들이라고 하지 않았는가. 우리 주변을 둘러보면 어딜 가든 수많은 내향인들을 만날 수 있다. 아직 꽃을 피우지 않았을 뿐 내향인들의 조용하지만 분주한 내면을 잘 들여다본다면, 책임감, 신중함, 겸손함, 섬세함, 온화함, 진지함, 경청과 배려, 예리한 분석력과 통찰력, 놀라운 집중력, 그 속에서 피어나는 창의적인 아이디어 등을 찾을 수 있다. 이러한 특성 모두가 에너지를 내면에 집중하는 성질, 즉 내향성에서 생겨나는 긍정적인 씨앗들이고 중요한 가치들이다.

내가 만난 명진 씨는 소심하지만 주변 사람들을 배려하고 챙기는 따뜻하고 섬세한 심성을 지녔다. 그런 그녀가 많은 사람들 속에 있을 때는 경쟁력도 없고 부족해 보일지 몰라도, 한두 사람과의 가까운 만남에서는 어느 누구보다 상대방의 이야기에 귀를 기울이고 진심으로 대한다. 그런 좋은 특성을 지닌 사람을 싫어할 사람은 별로 없다.

무뚝뚝하고 사교적이지 못하다는 이유로 가족들에게 늘 비난받았던 현주 씨는 그녀의 내향성이 지닌 지적인 호기심과 집중력 덕분에 자신의 연구 분야에서만큼은 유능한 인재로 인정받고 있다. 두 사람 모두 자부심을 느끼기에 충분한 특성을 지녔다고 볼 수 있다.

칠순을 넘긴 지 벌써 3년, 여전히 현역으로 일하고 계시는 어르신이 있다. '젊은이들도 취업하기 어려운 마당에 이렇게 나이 많은 사람을 누가 쓰겠어?'라는 푸념 한 번 없으셨다. 대신 그 어르신은 정년퇴직 후에도 묵묵히 자기 계발을 하셨고, 구직활동을 포기하지 않으시더니 결국 경력직으로 일할 수 있는 작은 회사에 입사하셨다. 아무도 기대하지 못했던 결과에 가족은 물론 주변에서도 모두 놀라고 감탄하였다.

나이와 경력을 내세우기보다는 건강이 허락되고 회사에서 나를 필요로 하는 한 끝까지 일하고 싶다는 그 어르신은 존재만으로도 젊은 세대에게 큰 귀감이 되고 있음에 틀림없다. 어르신을 잘 아는 사람들은 이렇게 말한다.

"나이가 많다고 대우받으려고 하거나 절대 으스대지 않아. 아랫사람이라도 늘 존중하고 그들의 이야기를 경청하고 배우려는 겸손한 자세와 성실함, 그리고 책임감 하나는 끝내주는 사람이지. 그래서 젊은 직원들과도 무리 없이 어울리는 기야."

최근 방영한 오디션 프로그램을 우연히 보다가 어린 출연자의 무대를 보고 감동을 받은 적이 있다. 그 오디션 무대에 오르기까지 지난 수년간, 하루 24시간 중 잠자는 시간 외 대부분의 시간을 독학으로 음악을 배우고 혼자 연습하였다는 출연자의 이야기였다. 그 긴 시간 동안 자신과의 고독한 싸움을 어떻게 견뎌왔을까를 상상하니 입을 다물 수가 없었다. 그가 외향적인지 내향적인지 알 수는 없지만, 적어도 무언가를 창조하기까지 기나긴 시간, 외부의 자극이나 보상 없이 오로지 홀로 자신의 내면에 집중해야만 가능한 일이라는 것은 분명하다. 내향성의 가치를 잘 발휘한 사례라고 볼 수 있다.

이렇듯 남들의 시선에 개의치 않고 자신을 마음껏 표현하는 아티스트들이 참으로 많다. 나는 그들을 '자존감 높은 아웃사이더'라고 부르고 싶다. 남다른 패션감각으로, 때로는 번뜩이는 아이디어로, 신중하고 꼼꼼한 분석력으로, 섣부른 판단 없이 세상을 바라보려는 열린 감각과 호기심으로, 자신을 낮추고 절제하면서 정의를 실천하는 행동력으로, 내향성을 숨기거나 혹은 내향성 뒤에 숨지 않고 세상에 한 걸음 용기내어 자신을 드러내고 표현하는 이들. 참 괜찮고 멋진 사람들임에 틀림없다.

내향성은 이제 더 이상 숨겨야 할 결점이 아니다. 또한 내향성은 극복해야 할 한계나 문제가 아니다. 내향성을 우리

스스로 인정할 때 숨은 진가가 발휘된다. 내향성임에도 불구하고 괜찮은 나가 아니라, 내향적이어서 더 괜찮은 나, 좋은 나가 될 수 있다.

　나와 다르다는 이유로 주목받고, 오해받고, 지적당하는 것은 누구에게든 큰 상처이다. 다 뜯어보면 모든 인간은 다른 점보다 같은 점이 더 많다. 같은 한국인, 동시대를 살아가는 사람, 같은 공간과 시간대를 공유하고 있는 것만으로도 연대감을 느낄 수 있다. 그러니 더 이상 내향적인 성격에 좌절하거나 위축되지 않기를. 그리고 이를 감추기 위해 외향적인 척하는 연기로 스스로를 소진하지 않기를.

관계를 넓히는 소통의 기술

사람들이 싫어서가 아니라, 함께 어울리는 것이 피곤
하고 불편하다는 이유로 외로워도 혼자 있기를 선택
하는 일이 잦아진다면, 세상과의 소통이 점차 줄게
되고 소통의 능력 역시 제한될 것이다. 남들에게 휘
둘리지 않고 나를 지킬 수 있는 적당한 거리를 유지
하면서 사람들과의 교류를 이어갈 수 있는 몇 가지
기술들을 소개하겠다. 무조건 피하거나 숨어들지 말
고 사람들과의 관계를 조금씩 넓혀보도록 하자.

• 친절한 미소로 응대하기
새로운 사람이나 그다지 친하지 않은 사람을 만났을 때,
불편하고 긴장을 한 나머지 의도치 않게 표정이 굳어 있고
혹시 실수라도 할까 봐 아무 말도 없이 가만히 있으면, 자
칫 오해를 사기 쉽고 상대방을 불편하게 만들 수 있다. 그
러니 얼굴의 긴장을 풀고 따뜻한 미소를 지어보자. 상대방
에 대한 호감을 표현함과 동시에, 이야기를 꺼낼 수 있는
자연스러운 분위기도 한결 쉽게 만들 수 있다.

- 적극적으로 듣고 반응하기

외향적인 사람들처럼 대화를 적극적으로 주도할 수는 없지만, 그렇다고 매번 듣기만 하고 침묵하고 있을 수도 없다. 가만히 듣고만 있는 것은 대화에 참여한다는 인상을 주지 못할 수 있으니 그다지 관심이 없는 주제라 하더라도 빠질 수 없는 모임이라면, 우선 잘 듣고 있다는 추임새와 표정, 몸짓을 좀 더 적극적으로 취해보자. 상대와의 눈 맞춤을 유지하고 몸을 상대방에게 약간 기울여 가끔 고개를 끄덕여주고 "으음", "아마도", "그러게", "그렇구나"와 같은 추임새를 넣어보는 것이다.

- 시작하는 말 준비하기

처음 만났을 때 어색함을 줄이고 자연스러운 대화를 시작하고 싶다면, 몇 가지 구체적인 질문거리를 생각해보자. 그날의 날씨 이야기부터 시작해도 좋다. "오늘 날씨 참 고약하네요. 이렇게 비 오는 날이면 향기 좋은 커피를 마시며 좋아하는 영화 한 편 보는 게 딱인데. 당신은 어떠세요?" 이렇게 시작하면 자연스럽게 어떤 영화를 좋아하는

지에 대한 주제로 넘어갈 수 있다. 상대가 먼저 대화를 시작하더라도, 잘 듣고 있다가 그와 관련된 질문을 하게 되면 보다 깊고 구체적인 대화로 이어질 수 있다.

- 상대의 이름을 자주 불러주기

처음 보는 사람들과 얼마나 진지한 대화를 할 수 있겠나 싶어 애초에 별 관심을 가지지 않을 수 있다. 하지만 보다 적극적으로 대화에 참여하고 싶다면, 상대방의 이름을 기억할 수 있도록 의도적으로 그 이름을 불러보자. "소연 씨, 만나서 반가워요." "소연 씨는 그런 생각을 하고 계시는군요." 이런 식으로 대화를 시작할 때마다 상대방의 이름을 앞에 넣어보는 것이다. 상대방 역시 내게 좀 더 관심을 갖기 시작할 것이다.

- 질문에 대한 대답 보류하기

상대가 내 의사를 묻거나 질문을 했을 때, 특히 대답하기 곤란한 질문에 빨리 대답하라고 재촉할 때 참으로 당황스럽다. 뭐라고 말을 해야 할지 생각이 잘 안 날 수도 있고,

아직 결정하기 어려워서일 수 있다. 이런 곤란한 상황에서는 서둘러 바로 대답하려 하지 않아도 된다. 이런 경우에는 "글쎄…. 좋은 질문이네요. 생각 좀 해볼게요"라거나, "어려운 질문이라서 좀 더 생각해봐야 될 것 같은데…"라는 식으로 생각할 시간을 스스로에게 허락하자.

- 제안이나 부탁 거절하기
상대가 어떤 제안이나 부탁을 할 때도 마찬가지다. 얼른 대답해야 할 것 같은 생각에, 무조건 '예'나 '아니오'로 서둘러 답하려고 하기 쉽다. "아직 확신이 서지 않아서요. 결정할 시간이 필요한데 좀 더 시간을 주실 수 있지요?"라고 내 상황을 알리는 게 좋다. 만일 거절을 하기로 결정했다면, 장황한 변명이나 사과 없이 정중하면서도 단호하게 짧은 말로 거절한다. 받아들여야 하는 상황이라면, "제가 도와드릴 수 있는 것은 여기까지예요"라고 제한을 둔다. 좋은 제안일지라도 모두 받아들일 필요는 없으니, 감사의 마음을 전한 뒤 정중하게 거절한다. 어디까지나 결정권은 내가 가지고 있음을 명심하자.

4장

혼자의 시간이
가장 자유롭다

지루함이 주는 선물, 창의성

+

지루함이 몰려오더라도 조금만 견뎌보자.

끌어안아 보자. 아무것도 하지 않아도,

미리 준비하지 않아도, 더 잘하려고 애쓰지 않아도

우리는 이 순간 존재하는 것으로도 이미 충분하다.

내향적인 사람들은 수줍음이 많고 고약하며 예민하고 까탈스럽다는 고정관념을 뒤집어 생각해볼 수 있다면, 바로 떠오르는 인물이 있다. '소박한 개인주의자'라고 지칭한 박완서와의 인터뷰 내용을 담은 《박완서의 말》을 보았다. 당시 박완서 작가를 인터뷰했던 고정희 시인은 다음과 같이 표현했다. "박완서는 편안한가 하면 날카롭고 까다로운가 하면 따뜻하며 평범한가 하면 그 깊이를 헤아리기 어려운 작가다." 그녀의 내향성이 가진 다양한 얼굴을 묘사한 것이다.

박완서를 검색하면 여러 모습의 흑백사진들이 나오는데, 하나같이 소박한 옷차림과 수줍은 미소를 띠고 있는 게 특징이다. 스스로도 '아주 소심한 사람'이라는 소개글로 시작한 칼럼도 있지만, '외유내강'이라는 사자성어를 떠올릴 만큼, 그녀의 필체는 대담하고 날카롭다.

그녀 외에도 우리가 아는 수많은 유명 작가들, 예술가들, 그리고 위대한 과학자들은 모두 자신의 내향성을 인정하고 내향성이 가지고 있는 가치를 잘 발휘한 사람들이라고 볼 수 있다. 적어도 외부의 시선을 의식하여 세상의 기대에 자신을 끼워 맞추려고 전전긍긍하지 않고, 때로는 세상과 타협하지 않는 고집스러운 외골수와 같은 얼굴을 지녔을지라도 조용히 묵묵히 자기 자신으로 존재한 사람들이다. 이래야 한다, 저래야 한다 목청 높이지 않고도 자기 몫을 충실히 당당히 살아가는 사람들로 보여 더욱 시선이 간다. 눈치챘겠지만, 그들의 내향성은 창의성이 요구되는 분야에서 빛을 발휘한다.

그렇다면 창의성은 어디에서 나오는 걸까. 흐트러짐 없이 빡빡한 일정대로, 정해진 루틴대로 살아가는 것이 과연 창의성에 도움이 될까? 《당신은 지루함이 필요하다》를 쓴 철학박사 마크 A. 호킨스는 "지루한 시간은 우리 인생을 탐구하고 바꿀 완벽한 공간이며, 지루할 줄 아는 사람이 창의적이다"라고 말했다. 지루함을 용납하지 않는 세상의 편견을 조금이라도 벗어던질 수 있다면, 내향성이 지닌 보다 큰 잠재력을 찾을 수 있을 것이다. 이러한 관점에서 볼 때 앞에서 이야기한 작가, 예술가, 과학자들은 지루함을 잘 견디고 포용했던 사람들이었다.

　최근에 만난 정수 씨 부부는 코로나로 인해 중3 아이의 생활습관이 완전히 망가졌다면서, 흐트러진 아이의 습관을 잡으려고 시도했다가 오히려 갈등이 더 심해지고 집안이 조용할 날이 없어서 힘들다고 호소하였다. 학교생활도 잘해왔고, 학교와 학원 숙제도 성실하게 하던 아이가 느슨해지고, 갑자기 게임만 하려고 하고, 이젠 학원도 안 가고 공부도 안 하려고 하니, 이런 식으로 가다간 성인이 되어 제 밥벌이도 못하지 않을까 걱정이 된다는 것이었다. 충분히 걱정이 될 만한 이야기였다.

　코로나로 인해 아이들의 루틴이 깨지고, 자연히 학습과 생활습관을 지도하고 관리해야 하는 과제가 부모에게 떠맡겨지면서 분명 큰 스트레스로 작용했을 것이다. 루틴이 깨졌으니 불안하고, 불안하니 아이를 더 통제하려 하는 게 일반적이다. 집에서 해야 할 것을 안 하고 빈둥거리는 꼴을 볼 수 없으니, 빨리 학교에 갔으면 하는 게 많은 부모들의 바람이기도 했을 것이다. 그게 무엇이 됐든 열심히 해야 안심이 되는 세상이다.

자녀에게만 해당하는 이야기가 아니다. 부모인 자기 자신에게도 마찬가지일 것이다. 시대가 요구하는 인간상에 맞추어 훌륭하게 잘 키워내고 싶은 부모들의 마음은 부모로서의 자신을 바라볼 때도 느긋할 수가 없다. 창의성을 높여야 한다는 게 현 교육의 트렌드로 정해지자, 창의성을 높이기 위해 무엇을 해야 하는지에 꽂혀 있는 게 우리들의 모습이다. 안 그래도 해야 할 것들이 줄줄이인데, 어느새 창의성을 높이기 위한 수업까지 추가된다. 어릴 때부터 빡빡하게 정해진 스케줄을 소화해내야 하는 아이들과 그것을 관리하는 어른들 모두가 정신없이 바쁘다. 이러한 일상이 코로나로 인해 강제로 멈춰졌고, 대부분의 교육이 온라인 학습으로 대체되었다. 이제 더 이상 쫓아다닐 필요가 없어졌고, 시간이 남으니 생활이 느슨해진 것도 당연하다.

해야 할 공부가 쌓여 있는데 할 생각은 안 하고, 지루해하고 심심해하는 아이를 보는 순간, 정수 씨처럼 '저러다가 이 사회에서 쓸모없는 사람이 되는 것이 아닐까. 험난한 이 세상에서 인생의 실패자, 낙오자, 부적응자가 되는 것은 아닐까' 하는 온갖 걱정과 두려움이 밀려들었을 수 있다.

혹시 아는가. 우리가 불안해서 못 보는 사이에 아이의 내면에서는 새로운 세계가 펼쳐지고 있을지 말이다. 그러니, 한쪽 면만 보지 말자. 한쪽 면만 보다 보면 생각도 극단적으로 치우쳐서 오히려 문제를 키우는 법이다. 지루한 순간도 한 꺼풀 걷어내면 그 이상의 가치가 숨겨져 있음을 믿어보자. 지루함을 경험하고 받아들여야 자율성도 자라고, 창의성도 자란다.

스스로에게도 마찬가지이다. 온전히 몸과 마음을 쉬지 못하는 주말, 뭐라도 해야 한다는 강박관념에 시달리고 있는 자신을 알아차렸다면, 더 이상 속지 말자고 속삭이자. 지루함이 몰려오더라도 조금만 견뎌보자. 아무것도 하지 않아도, 미리 준비하지 않아도, 더 잘하려고 애쓰지 않아도 우리는 이 순간 존재하는 것으로도 이미 충분하다. 아무것도 없는 그 텅 빈 공간에서 무엇을 경험하게 될지 그저 궁금해하자.

장난감이 없어도, 함께 놀 친구가 없어도, 작은 벌레가 기어 다니는 것을 바라보는 것만으로도 하루 종일 신기하고 즐거웠던 어린 시절을 잊지 말자. 지루함이 더 이상 지루함으로 느껴지지 않는 경험을 하게 될 것이다.

박완서 작가는 한 작품을 끝내면, 다시 차오를 때까지 기다린다면서 적어도 1년 이상의 안식년을 가져야 한다고 말했다. 비록 우리 모두가 작가는 아니지만, 안식년은 작가에게만 필요한 것은 아니다. 평범한 우리 역시, 해야 할 일들을 오차 없이 빨리 처리하는 기계가 아니지 않은가. 그렇다고 해서 반드시 1년이라는 시간이 필요한 것은 아니다. 일주일이 됐든, 하루가 됐든, 아니 하루 5분의 시간이라도 깊은 숨을 내쉬고, 다시 길게 들이쉴 수 있도록 내 안의 텅 빈 공간, 지루한 공간을 허락하자. 서둘러 채우려 하지 말고, 무언가 차오를 때까지 기다려보자.

우리 곁의 수많은
패터슨들에게

+

은은하게 오래도록 차오르는 열정도 열정이다.

그러니 가만히 내면으로 들어가 기다려보자.

갑자기 시를 쓰고 싶은 욕구가 차오를지도 모른다.

우리와 다를 것 없는 평범한 '패터슨'처럼.

영화 〈패터슨〉은 미국 뉴저지 주의 소도시 '패터슨'에 사는 버스 운전사 '패터슨'의 일상을 담은 영화이다. '저런 인물이 영화의 주인공이 될 수 있을까' 싶을 정도로 특별할 게 없는 똑같은 일상을 잔잔하게 그려냈다. 바로 알아챘겠지만, 주인공 '패터슨'은 누구에게나 호감을 줄 만한 매력적인 성격의 소유자가 아니다. 극적인 스토리도 없고, 매력적인 주인공이 나오는 영화도 아닌데 어떻게 이 영화에 빠져들었을까. 패터슨의 일상을 잠깐 따라가보자.

공식적으로 데뷔한 시인은 아니지만 그는 매일 시를 쓴다. 매일 같은 길로 출근하고, 매일 같은 곳에서 같은 점심 도시락을 먹고, 퇴근 후에는 아내와 저녁을 먹은 뒤 반려견 산책을 시키고, 산책길에 동네 바에 들러 맥주 한 잔을 걸친다. 이 것이 그의 일상의 전부다. 다른 영화처럼, 계속 보다 보면 언젠가 반전이 있겠지 하고 기대했다가는 낭패를 볼 것이다. 처음부터 끝까지 한결같이 잔잔했다는 게 충격적일 만큼 신선했다.

주인공의 단조로운 일상이 그저 단조롭고 지루하게만 보이지 않고 빠져들었던 것은 아마 그의 태도 덕분이었을 것이다. 변화 없고 재미없는 일상 속에서도 매일 시의 소재를 찾고 틈틈이 시를 쓰는 일에 정성을 다하는 모습이 우리네 일상과는 사뭇 달라서, 힐링되는 기분이 들 정도이다. 일상의 단조로움을 비난하거나 불평하지 않는 그의 포용력과 풍부하고 예민한 감수성으로 일상을 아름답게 채색하는 예술적 재능이 참으로 돋보였다.

패티슨처럼 개성적이면서 섬세한 감성을 지닌 많은 사람들은 대학에서 문학이나 미술, 음악을 전공하지 않았음에도 불구하고 직관력이나 자연과 교감을 나누는 일, 아름다움과 추함을 분별하여 살피는 마음의 눈, 즉 심미안을 가지고 있다. 하지만 이것이 강점인지, 재능인지도 모른 채 살아가고 있는 경우가 많아 안타깝다.

인영 씨는 처음 상담실에 방문했을 때와 비교해 확실히 말이 많아졌고, 말의 반응 속도도 빨라졌다. 어떻게 말을 할까 생각하고 또 생각하며 둘러가면서 이야기하던 습관이 많이 줄었다는 증거다. 스스로 내성적이어서 자신을 드러내는 것을 좋아하지 않는다고 덧붙이며 어렵게 한마디씩 이어나갔던 기억이 난다. 그런 그녀가 최근 들어 많이 달라졌다.

남들이 칭찬을 하면 "이 정도는 누구나 해"라고 별거 아닌 것처럼 자신의 재능을 깎아내리기 일쑤였고, "쟤가 나를 잘 알지도 못하면서 왜 저렇게 과장해서 표현하는 걸까? 분명히 실망할 거야"라면서 호감을 가지고 다가오는 사람들과 거리를 두었다. "너는 이런 쪽에 재능이 있으니까 이제 그만 배우고, 네 재능을 드러내서 써보는 게 어때?"라고 자신을 아끼는 친구가 제안을 해도 덜컥 겁부터 내고 달아나기 바빴던 그녀였다. '그냥 좋아서 하는 거지, 잘하는 게 아니야'라면서 절대 나서지 않았다.

그랬던 그녀가 이젠 "엄청 잘할 만큼 특별한 재능이 있는 건 아니지만 그냥 해보려고요"라면서 작은 그림 전시회를 계획하고 있다. 예전 같으면 '겨우 그 정도면서 전시를 해?'라고 혹시 누군가 뒤에서 쑥덕거릴까 봐 두려워 손사래를 쳤다. 하지만 이제 한 명이라도 좋아하면 되지 않을까 싶단다. 내 재능이고 내 장점이라는 걸 받아들이기로 한 것이다.

인영 씨는 그녀만의 독특한 예술 감각을 가지고 있고, 누가 봐주든 봐주지 않든, 그저 좋아서 몰래 자신의 방식을 고집하며 예술 감각을 키워왔다. 그래서 자유로웠고, 자유로웠기에 자신만의 독특한 색깔을 유지할 수 있었으리라. 다른 사람들의 이런저런 참견이 두렵고 부담스러워 드러내지 않았던 자신의 재능을 조금씩 드러내기로 용기를 낸 것은 그녀의 인생에서 큰 반전이었다.

어릴 때부터 엄마로부터 숱하게 들었던 목소리 '그런 걸 왜 하냐? 그 정도 잘해서는 재능이라고 할 수 없어. 그냥 공부나 열심히 해'에서 드디어 자유로워진 것이다. 별로 가치 없는 일이라고 눌려왔던 자신의 욕망과 재능을 펼치기로 한 순간, 그녀의 내면에서 끓고 있는 열정을 볼 수 있었다.

그녀의 남다른 예술 감각은 그날의 분위기나 기분에 맞는 음악 선곡에서 상대의 취향에 맞는 선물을 고르고, 좋은 문장을 뽑아 이쁘게 글씨와 그림으로 담아내는 일까지, 여러 사람들을 감동시키기에 충분하였다. 이제 제안이 들어오면, 주저하지 않고 기회라고 생각하겠다는 그녀는 그런 자신이 참 좋다고 말한다.

인영 씨처럼 어릴 때부터 인정받지 못해 숨겨오다가, 섬세하고 예민한 성향에서 나오는 예술가적인 재능을 뒤늦게 펼치는 사람들이 주변에 의외로 많다. 섬세하고 예민한 특성이 별로 환영받지 못한 환경에서 자라온 탓도 있지만, 스스로도 거추장스럽고 불편하게 여겨온 탓에 아예 차라리 아무것도 못 느끼는 것이 더 낫다고 할 정도로 고통스러운 삶을 살기도 한다. 남들과 다르다는 이유로 이상하고 별난 아이로 치부되어, 그것이 재능인지 모른 채, 개성이 될 수 있다는 것도 모른 채, 그저 남들 눈에 띄지 않도록 숨기기에 바빴던 것이다. 눈에 띄는 것보다 차라리 평범한 것이 더 안전했기에 예민함이 닳아 무뎌지기를 바랐던 것이다.

이제 그녀는 이렇게 말한다. "난 엄마와 다른 사람이고 내가 원하는 스타일도 삶의 방식도 달라요. 엄마는 내가 못한다고 생각했을 수도 있겠지만, 난 내 방식으로 할 수 있고, 또 그렇게 하고 싶어요. 엄마는 엄마대로, 나는 나대로 하는 거라고요." 지금도 그녀의 명료하고 단호해진 목소리가 귓가에 맴돈다.

바쁜 몸과 마음을 달래 차분해지고 싶을 때 브이로그 영상들을 찾아볼 때가 있다. 제2, 제3의 '패터슨'들을 만날 수 있다. 영상에서는 얼굴도 보여주지 않고 말없이 그들의 잔잔한 일상을 보여준다. 아침에 일어나 조용히 이불 먼지를 털고, 베란다 문을 통해 들어오는 시원한 바람에 몸을 맡기기도 하고, 간단하지만 아침 식사를 정성껏 준비하고, 차를 마시며 책을 읽는 모습. 차분하게 그들의 일상을 따라가다 보면 짧은 시간이나마 편안하고 여유로운 여행을 다녀온 것처럼 느껴진다. 많은 정보를 주는 것도 아니고, 큰 재미와 짜릿한 자극을 주지도 않지만, 많은 사람들에게 인기를 얻고 있는 이유도 여기에 있을 것이다.

SNS 덕분에 자신의 재능을 자신들만의 방식으로 보여주고 있는 수많은 내향인들을 볼 수 있어서 다행이고 반갑다. 유명한 예술작품이 아니면 어떠랴. 일상을 아름답게 꾸려가고 기록하며 그들만의 고유한 예술적 재능을 발휘하고 즐기는 이들이야말로 진정한 예술인이 아닐까.

에너지가 넘치고 뜨거운 열정으로 무장한 듯이 보이는, 소위 외향적인 사람들을 동경하고 부러워했다. 하지만 이젠 안다. 크고 뜨겁고 화려한 불꽃만 불이 아니라, 작지만 은은하게 타오르는 촛불도 불이라는 것을. 그리고 더 오래 타오를수 있다는 것을. 작다고 약하다고 무시하지 말자. 은은하게 오래도록 차오르는 열정도 열정이다. 그러니 가만히 내면으로 들어가 기다려보자. 갑자기 시를 쓰고 싶은 욕구가 차오를지도 모른다. 우리와 다를 것 없는 평범한 패터슨처럼.

내향성은 나의 일부분,
나는 세상의 일부분

+

우리가 마음에 들지 않는다는 이유로

숨기고 외면했던 내향성을

이제는 따뜻한 눈으로 바라봐주면 좋겠다.

나의 진짜 모습이기 때문이다.

올해 초, 오른쪽 어깨가 아프고 불편한 정도가 심해져서 병원을 찾았다. 초음파검사를 통해 염증이 심하다는 것을 눈으로 직접 확인했고, 이후 석 달 동안 주사치료와 물리치료를 열심히 받으러 다녔다.

'대체 무엇을 하느라고 어깨를 이 지경까지 방치했을까'라며 근육이나 관절에 대해 무지했던 나를 탓하였다. 어깨를 비롯한 몸에 관심을 가지기 시작해서 어깨 운동을 위해 영상들을 찾아보던 중 어느 물리치료사의 말이 와닿았다. '어깨가 자유자재로 움직이기 위해서 참 많은 근육들이 일을 한다'는 말이었다.

그 말을 듣고 내 몸에서 어떤 일들이 일어나는지 눈에 보이지 않아서 잘 모르고 있을 뿐, 정말 많은 근육들이 열심히 일을 하고 있다는 생각에 가슴이 뭉클해지고 감사한 마음이 올라왔다. 어디 어깨뿐이겠는가? 우리 몸을 구성하고 있는 모든 부분과 요소들이 하나도 빠짐없이 중요하고, 이들의 조화와 균형이 필요하다.

마음도 그렇지 않을까? 마음 안에서도 눈에 보이지 않지만 나를 위해 정말 많은 부분들이 열심히 일을 하고 있을 거라고 생각한다. 모든 마음에 차별 없이 따뜻한 관심을 보여야겠다는 다짐을 하였다. 심지어 그것이 내가 싫어하고 나를 괴롭히고 고통을 주는 부분일지라도 언제나 나를 위한 긍정적인 의도와 목적을 가지고 있다는 관점으로 바라본다면, 부정적인 시선으로 바라보기 쉬웠던 내향성에 대해서도 따뜻하고 긍정적인 관심을 보이는 것이 불가능한 일이 아니다.

상담실에서 만난 명진 씨는 사람들과의 관계에서 늘 소심하고 딩딩히지 못한 자신의 내향적인 성격을 자책했다. 어렵게 입사한 직장이지만 기쁨도 잠시, 함께 일하는 사람들과 비교가 되면서 자기 자신은 그 자리에 어울리지 않는다는 생각에 자주 움츠러든다고 하였다. 그녀의 머릿속에는 '당당해야지. 왜 그래? 네가 선택한 자리잖아'라고 비난하는 소리가 들렸고, 주변 사람들도 자신을 부적절하게 볼까 봐 겉으론 아닌 척 아무렇지 않은 척 애썼다. 하지만 무던히 애쓰고 있는 그런 자신을 바라볼 때 역시, 마음속에서는 부자연스럽고 위선적이라고 비난을 하고 있으니 날이 갈수록 고통스럽고 혼란스러워 퇴사를 고민할 지경에 이르렀다.

명진 씨 내면에는 자신의 이익보다는 남들을 배려하는 순하고 착한 심성을 계속 삐딱하게 보는 비판의 목소리가 있다는 것을 발견하였다. '그렇게 약해 빠져서 어떻게 이 험난한 세상에서 살아남을 수 있겠어? 강해야 살아남는 거야'라는 목소리는 오래전부터 그녀의 아버지로부터 자주 들었던 익숙한 음성으로, 무언가를 시도하려 할 때마다 앞으로 나아가지 못하지 못하도록 그녀를 위축시켰던 것이다.

현주 씨 역시 스스로에게 가혹하다 싶을 정도로 자기비판과 비난에 익숙했다. 남부러울 것 없는 좋은 대학을 졸업해 좋은 직장에 취직했고, 성실하고 유능해 능력을 인정받고 있는 멋진 커리어우먼이다. 그러나 그녀의 마음 한구석에는 '아무리 열심히 노력해도 사람들이 나를 좋아하지 않을 거야'라는 생각이 자리를 잡고 늘 자신이 부족하다고 느꼈다.

상담 과정에서 자신이 살아온 모습을 이야기하던 중 평생 달려도 끝나지 않을 고생길을 열심히 쉬지 않고 달리는 이미지를 떠올렸다. 하지만 무엇을 위해 그렇게 달릴 수밖에 없는지 묻자 아무 대답을 하지 못하고 흐르는 눈물을 감추기에 바빴다. 어릴 때부터 머리도 좋고 지적인 호기심이 많아 스스로 알아서 공부하는 모범생이었지만, 그녀의 부모는 "공부만 잘하면 뭐하니, 인간이 되어야지. 그래서 성공하겠어?"라고 말하면서 그녀의 능력이나 성과를 깎아내렸고, 오히려 무뚝뚝하고 싹싹하지 못하다는 이유로 조용하고 내성적인 성격을 못마땅해했다. 보란 듯이 성공하겠다면서 악착같이 공부하고 일했지만, 그녀의 내면에서는 '아무리 노력해도 성공하지 못할 거야. 사람들이 나를 싫어할 거야'라는 목소리가 계속 맴돌았던 것이다.

부모의 부정적인 예언에서 크게 벗어나지 못한 명진 씨와 현주 씨는 성인이 된 이후에도 자신의 삶을 인정해주지 못하고 자신의 삶에 대해 자부심을 느끼지 못해 안타깝다. 혹시나 그 예언대로 될까 봐 두려워 현주 씨처럼 과도하게 일과 공부에 매달리거나, 명진 씨처럼 원하면서도 도전을 피하고 뒤로 물러나는 패턴을 반복하고 있는 것이다.

이들을 보면서 세상에 참여하고 세상의 일부분으로서 사람들과 연결되어 있다는 것이 얼마나 중요하고, 그것이 우리의 자존감을 높이는 데 얼마나 큰 기여를 하는지 알 수 있다. 긴 상담을 통해 명진 씨는 그 자리에 속하려고 애쓰는 자신을 비난하기보다는 인정해주고 다독여줘야 함을 깨달았고, 또한 소심하고 내성적이지만 그녀의 온화하고 착한 심성을 지닌 나의 일부분으로 따뜻하게 받아들여 줬을 때 훨씬 편안해지고 안정이 된다는 것을 경험하였다. 현주 씨 역시 그녀의 마음속 깊이 박혀 있는 상처와 고통을 스스로 안아주었을 때 조금이나마 자유로워지고 편안해질 수 있었다.

상담을 하다 보면 이와 비슷한 고백들을 많이 듣는다. '우주의 미아 같다', '이 세상에 존재하지 않는 느낌이 든다', '잘못 태어난 것 같다', '어디에 가든 내 자리는 없는 것 같다', '남들은 다 괜찮은데 나만 이상한 것 같다'는 등 부적절감과 무가치감이라는 마음의 고통을 안고 사는 이들이 많다. 이들 중에는 아주 어렸을 때 (아마도 말도 못하고 기억조차도 못할 정도로 아주 어렸을 때) 부모로부터 편안하고 안전하게 보호받는 경험을 하지 못한 경우가 많다.

끔찍한 사건이나 사고를 겪었을 때만 트라우마를 경험하는 것이 아니다. 위험과 상처로부터 가장 취약한 어린 시절에는 흔히 학대라고 부를 수 있는 부모의 심각한 언행뿐만 아니라, 작은 일상에서 무심코 보일 수 있는 부모의 사소한 몸짓과 표정, 목소리만으로도 어린아이에게는 큰 상처가 될 수 있다.

어린 시절, 세상의 전부라고 할 수 있는 부모와의 경험이 편안하고 안전하지 않았다는 것은 세상이라는 곳이 위험하고 나를 따뜻하게 받아주고 보살펴주는 곳이 아니라는 인상을 깊게 심어줄 수 있다. 그러니 세상에 나가는 것이, 세상에 발을 딛고 내 목소리를 낸다는 것이, 잘난 모습이든 못난 모습이든 당당하게 나를 드러낸다는 것이 상당히 불편하고 두려울 수 있나. 실면시 그러한 경험을 많이 할수록 내향성의 부정적인 측면이 더 강화될 것이고, 심해지면 세상과 등을 지고 고립된 생활을 선택할 수도 있으므로, 반드시 치유가 필요하다.

《책, 읽지 말고 써라》의 이승용 작가는 이렇게 말했다. "마음은 알아줄 때 가장 기뻐하고 꺼내지어질 때 가장 자유로워진다." 짧지만 전적으로 공감 가는 말이다.

우리가 마음에 들지 않는다는 이유로 숨기고 외면했던 내향성이라는 부분도 얼마나 많은 고통과 상처를 받아왔을까. 이제는 따뜻한 눈으로 바라보고, 하고 싶어 하는 이야기에 귀 기울여 들어주며 치유해주어야 할 때이다. "그동안 몰라줘서 미안해, 나를 위해 열심히 일해줘서 고마워. 이제부터 내가 함께할게"라고.

우리는 자기 나름의 방식으로 세상에 참여하고 세상과 연결하려고 한다. 꼭 한 가지의 방식만이 있다고 생각하지 말자. 태어난 순간 이미 우리는 세상의 일부이기 때문이다.

우리는 우주라는 커다란 그림 속의 작은 퍼즐 조각이다. 어떤 작은 퍼즐 조각도 똑같은 것이 없듯이, 우리 역시 남들과 똑같은 모습, 방식으로 존재할 필요가 없다. 어떤 방식으로 존재하든 우리가 세상의 일부라는 사실은 부정할 수 없다는 말이다.

내가 세상의 일부분이듯 내향성도 나의 일부분임을 받아

204
혼자 있어도 외롭지 않게

들일 수 있을 때, 어떤 조건이나 가치에 매이지 않을 때 우리는 온전히 자신을 경험할 수 있다.

205
4장 혼자의 시간이 가장 자유롭다

좁은 울타리 밖으로
한 걸음

+

사람이 성장하려면,

더 넓은 세상을 향해 나가야 한다.

너무 겁낼 필요는 없다.

익숙했던 어제와 조금 다른 환경과 경험,

새롭게 부여되는 역할들을

맡게 되는 것이라고 생각하면 좋다.

대부분의 내향인들은 새로운 시도를 두려워하고, 낯선 환경이나 상황 앞에서 쉽게 긴장을 하기 때문에 되도록 그런 상황을 만들지 않으려고 하며, 피할 수 없는 경우엔 무조건 참고 견디려고 하는 경향이 크다. 괜히 시도했다가 실수를 할까 봐 겁나고, 일이 크게 잘못될 것 같은 느낌이 들어 평상시보다 긴장을 많이 하기 쉽다.

또한, 사람들과의 관계에서도 웬만하면 얼굴 붉힐 일을 만들지 않으려고 한다. 조금 불편하고 희생이 따르더라도, 부딪치기보다는 참는 쪽을 선호한다. 부딪쳐서 얻을 수 있는 것을 기대하기보다는 갈등이 더 심해지거나 사람을 잃을까 봐 두려워하는 것이다.

이렇듯 새로운 환경이나 상황 자체가 상당히 자극적으로

다가올 뿐만 아니라, 괜히 익숙하지 않은 일들을 시도했다가 힘들고 괴롭기만 했던 과거 경험이 있다면 더더욱 새로운 것은 시도해보기도 전에 움츠러들고 거부하기 바쁠 것이다. 낯설고 새로운 환경을 피해 익숙하고 안전한 것들만 찾다 보니, 집 밖으로 나가는 것조차 꺼려지면서 결국 활동 범위는 좁아지고 새로운 경험을 통해 얻을 수 있는 많은 것들을 놓치게 된다. 얼마나 안타까운 일인가. 평생 좁은 울타리 안에서만 살 수 없지 않은가.

나는 함께 어울려 일하기보다는 혼자 일하는 것을 선호한다. 누구에게 지시하는 것도 싫어하고 지시받는 것도 좋아하지 않기 때문이다. 그러나 시간이 지남에 따라 소신껏 하던 일이 버거워지기 시작했다. 상담 사업을 확장해야 할 필요가 느껴졌다. 감사한 일이긴 했으나 내게는 큰 도전이 되기도 했다. 업무를 나누고 지시하고 조율하고 결정해야 하는 관리자로서의 역할을 해야 했기 때문이다.

많은 내향인들이 그러하듯 나 역시 동시에 여러 일을 처리하지 못하는 편이기에, 생각하고 신경 써야 할 일들이 많아지면 귀찮고 피곤해질 게 뻔했다. 하지만 평생 편하고 좋아하는 일만 할 수는 없지 않은가. 처음에는 힘들겠지만 새로운 역할을 받아들이면 배움과 경험치가 늘어나면서 조금씩 적응하게 될 것이다. 나 역시 확장될 것이라는 믿음을 가지고, 일단 피하지 말고 도전해보기로 결심했다.

말이 없고 조용한 수호는 고등학교에 진학하기 전까지는 같은 동네에서 오래된 친구들과 같은 초중학교를 다니면서 큰 불편 없이 잘 지내왔다. 가족들 역시 수호처럼 내향성이 높은 편이라서 성장하면서 낯선 지역으로 여행을 다니거나 낯선 사람들과 자주 어울렸던 경험 자체가 별로 없었다. 그러나 오랜 친구들과 헤어져 다른 고등학교에 진학하게 되면 모든 게 낯설고 두려움의 대상이 된다. 수호처럼 익숙한 환경에서 아주 오랫동안 지내온 사람들은 그 환경을 떠난다는 것 자체가 공포일 수 있다. 낯선 환경에 노출되었을 때 스스로를 이렇게 격려하고 안정시킬 수 있는지 배운 적이 없고 배울 필요성도 못 느끼고 살아왔으니 더욱 걱정과 불안이 앞설 수 있다.

사람이 성장하려면, 때로는 편안하고 익숙한 것들을 떠나 더 넓은 세상을 향해 나가야 한다. 넓은 세상을 탐험한다는 것은 머나먼 곳으로 이민을 가거나 여행을 가는 것만을 의미하는 게 아니니 너무 겁낼 필요는 없다. 익숙했던 어제와 조금 다른 환경과 경험, 새롭게 부여되는 역할들을 맡게 되는 것이라고 생각하면 좋다. 이러한 낯선 자극들을 대할 때마다 경험하는 긴장과 불안을 어떻게 진정시키고 대처할 수 있을지 몇 가지 방법이라도 배울 수 있다면 조금은 두려움에 맞설 용기가 생기지 않을까.

지금부터 불안한 마음을 진정시키고 안전감을 유지할 수 있는 방법들을 소개한다. 도움이 될 만한 한 가지라도 사용해서 작은 시도부터 해보자. 이불 밖으로, 집 밖으로, 좀 더 넓은 세상으로 향하게 하는 작은 용기를 가져보는 것이다.

먼저, 처음부터 혼자 시도해야 되는 것이라면, 용기 내기가 쉽지 않을 것이다. 마치 부모가 어린 자녀를 데리고 함께 가듯이, 기꺼이 동행해줄 수 있는 가족이나 친구가 있다면 도움을 요청해보도록 한다. 그들은 어떻게 대처하는지 직접 관찰하고, 자세한 설명과 안내를 받으면서 여러 번 시도해본다면 자연스럽게 학습이 될 수 있다. 그리고 나의 긴장되고 두려운 마음을 표현하면서 위안을 받는 것도 도움이 된다.

둘째, 새로운 환경에 적응해야 한다면, 미리부터 그 낯선 장소를 답사하고 그 공간을 충분히 느껴보도록 한다. 최근 코로나로 인해 비대면 수업이 늘었다. 비대면 수업이라는 것이 처음엔 스트레스로 작용할 수밖에 없다. 우선 컴퓨터 작업에 익숙하지 않은 사람들이 그러할 테고, 새로운 기술들을 배우고 익혀야 하고, 그 안에서 사람들과 교류를 해야 한다면 그 자체가 낯설고 불편할 수밖에 없다.

온라인 환경에서도 자신을 드러내고 관계 맺기에 어려움이 없는 외향인들과 달리, 내향적인 사람들은 자신의 얼굴을 화면에 띄우는 것 자체도 어색하고 그 안에서 이야기를 나눈다는 것도 불편할 수 있다. 이런 경우, 좀 더 일찍 그 공간에 들어가서 한 사람씩 들어오는 사람들을 맞이하는 기분을 느껴보자. 마치 답사를 가듯이 말이다. 그리고 굳이 목소리를 내지 않아도 채팅창에 댓글로 인사를 나누고 교류할 수 있으니 조금만 익숙해지면 대면 수업보다 더 편안하고 안전하게 느낄 수도 있다. 많은 내향인들이 익명으로 인터넷 카페나 블로그 등 온라인을 통한 대인 교류를 선호한다는 보고도 있다. 소위 특정 선호하는 주제나 취미를 중심으로 만들어진 카페를 보면 온라인상에서 더욱 활약을 하는 덕후들을 흔히 찾아

볼 수 있다.

셋째, 누구나 적응시간이 필요하다. 사람마다 적응하는 데 필요한 시간이 다 다르다. 나에게 필요한 만큼의 시간을 충분히 허용하자. 빨리 적응하려고 조급한 마음을 내는 것이 오히려 안전감을 방해한다. 천천히, 충분히 경험하자. 전학을 자주 갈 수밖에 없었던 소미 씨는 부모님의 걱정을 덜어드리기 위해 매번 새 학교로 옮길 때마다 빨리 적응하기 위해 내 편을 한 명이라도 만드는 일에 필사적으로 매달렸다. 낯선 환경 속에서 내가 혼자가 아님을 확인할 수 있도록 적어도 한 명의 친구라도 만드는 데에 자신의 모든 에너지를 쏟을 수밖에 없었다.

하지만 적응하는 데 필요한 충분한 시간 없이 무조건 적응해내야 한다는 부담으로 인해 점점 지치고 무기력해져갔다. 결국 사람들이 무서워졌고 학교에 가기도 싫어졌다. 상담을 통해 '그렇게 애쓰지 않아도 된다. 천천히 가도 된다'는 말에 위안을 받았고, 그런 말을 듣고 싶었다고 고백했다. '당장 뭐라도 하지 않으면, 친구들을 못 사귈 거야, 친구들이 좋아하지 않을 거야, 결국 적응에 실패할 거야'라는 생각이 눈덩이처럼 커져서 결국 아무것도 하지 못할 만큼 무기력해졌던 것이다.

넷째, 안전감을 느끼는 데 도움이 될 만한 게 무엇이 있는지 살펴보자. 긴장한 몸과 마음을 이완시킬 수 있도록 심호흡을 한 후, 자신이 가장 편안하게 느꼈던 공간을 떠올려본다. 눈을 감고 마음속으로 들어가 내가 꾸민 공간에서 가장 편안한 상태로 있는 장면을 상상해볼 수 있다. 필요하다면 옆에 두고 싶은 사람을 떠올려 함께 있는 것도 도움이 된다. 실제 인물이 아니어도 괜찮다. 돌아가신 할머니의 따뜻한 품을 떠올려도 좋고, 나를 지켜주고 도와줄 수 있을 것이라고 생각되는 만화나 영화 속 영웅 캐릭터도 좋다. 사람이 아닌 동물이나 이미지 어떤 것이든, 최대한 편안하게 느끼도록 도와줄 수 있는 것이라면 모두 좋다. 그 대상에게 불필요한 조언보다는 격려가 될 만한 긍정적인 말 한마디를 할 수 있도록 요청하고 들어보자.

수호는 집에서 키우는 강아지들과 어릴 때부터 친하게 지낸 친구와 함께 있을 때를 떠올리며 편안함을 느낄 수 있었다. 그래서 학교에 강아지와 친구의 사진을 붙여 갖고 가 긴장될 때마다 자주 들여다볼 수 있게 하였다.

소미 씨는 우연히 찾은 성당에서 힘들었던 마음을 숨기지 못해 눈물을 왈칵 쏟았을 때 "괜찮다, 울어도 된다"는 신부님의 따뜻한 말씀을 떠올리며 편안함을 느꼈다. 그때 느꼈던 편안함과 안도감을 잊지 않기 위해 신부님의 따뜻한 음성과 표정을 저장할 수 있는 상징물로 팔찌를 만들었다. 무엇보다 잦은 환경 변화에 잘 적응해야 한다는 압박과 부담을 느껴 지나치게 자신을 몰아붙여 왔음을 알 수 있다. 이렇게 행동했던 배경에는 소미 씨 부모님의 지나친 기대가 숨어 있었다. 어디를 가든 남들 보기에 '괜찮은 사람'이기를 바라는 부모님을 실망시키는 것이 두려웠다. 낯선 환경에 언제나 좋은 대인관계를 유지해야 하고, 웃는 얼굴과 친절한 행동을 해야 한다는 부모님으로부터의 압박이 힘에 겨웠다. 소미 씨는 어느 누구보다도 가장 가까운 부모의 지지가 필요했던 것이다.

마지막으로, 처음엔 서툴고 부족하겠지만 시간이 지나면 조금씩 적응하고 잘 할 수 있을 것이라고 기대하고 스스로를 격려하고 지지해주자. 용기를 내서 시도했지만, 너무 힘들고 두렵다면 그만두어도 된다고 말해주자. 한 가지 길만 있는 것이 아니니, 다른 길을 알아보면 그만이다. 시도해본 것만으로도 잘한 것이다.

웬만하면 부딪치지 않으려고 피하고 있는가? 무엇을 두려워하는지 살펴보자. 나의 두려움을 인정해주고 앞으로 조금만 나와보라고 스스로 지지해주고 격려해주자. 안 해봐서 모르는 것일 뿐 내가 우려했던 것보다 별일 없이 순조롭게 처리될 수도 있고, 오히려 갈등을 해결하는 과정에서 관계가 더 돈독해질 수 있고, 한 뼘 더 진실해질 수 있음을 깨달을 수도 있다. 그러니 두려움에만 초점을 맞추지 말고, 두려움 너머에 기대할 수 있는 긍정적인 측면도 함께 바라보자. 어느새 좁은 울타리 밖으로 나와 조금씩 성장하고 있는 나를 느끼게 될 것이다.

타고난 성격을
바꿀 수 있을까

+

이미 학계에서는 많은 연구들을 통해

나이를 먹으면서 터득한

다양한 경험들과 후천적인 노력으로

타고난 성격이 변할 수 있다는 사실이 드러났다.

누구나 지금의 나보다 더 나은 사람이 되길 원한다. 당신이 내향인이라면 자연스레 외향적인 성격의 이미지를 떠올릴 것이다. 밝고 명랑하고 스스럼없이 다가서는 외향적인 성격의 모습은 가정에서도 학교에서도 사회에서도 어디를 가든 환영을 받는 '더 나은 사람'의 표본이었을 테니까.

친구들과 놀고 싶지만, 끼지 못한 채 그 주변에서 쭈뼛쭈뼛하는 모습을 보고 "너도 같이 놀자고 말해봐, 왜 말을 못해. 쟤처럼 해보란 말이야"라는 말을 수차례 듣고 자랐을지도 모른다. 집에서 혼자 책을 보며 뒹구는 모습을 보면 한숨 섞인 목소리로 제발 집에만 있지 말고 밖에 나가서 친구들을 만나든지 뭐라도 해보라며 집에만 있는 것을 답답해하고 못마땅히 여기는 가족들이 있었을지도 모른다. 불행히도 어린 시절에 그런 경험을 자주 했다면, '나'라는 사람은 뭔가 있어야 할 것이 없거나 부족한 사람이라는 인식이 자연스럽게 흡수되었을 것이고, 더 나은 사람, 즉 외향적인 성격의 사람을 보며 한없이 부러워하면서 자랐을 것이다.

물론 어떤 성격이든 장단점이 있다. 좋은 점은 키우고 부족한 점은 보완하는 것이 성숙해질 수 있는 길이기도 하다. 하지만 여기서 주의해야 할 점은 '애초에 난 외향적인 성격의 사람들보다 뭔가 부족하고 잘못되었다'는 인식에서 출발한다는 것이다. 특히 그 외향적인 성격의 사람이 형제나 자매 중에 있다면, 영원히 피할 수 없는 대상과 평생 비교되고 평가받는 입장에 놓이게 된다. "누구처럼 할 수 없겠니? 쟤는 안 그러는데 넌 왜 그래? 네 속을 모르겠어"라는 핀잔을 듣는 순간, 이해받기는커녕 알다가도 모르겠는 능구렁이, 속을 알 수 없는 음흉한 인간 취급을 받기도 한다.

가정에서뿐만 아니라 사회 분위기도 한몫한다. SNS를 비롯한 각종 미디어에서도 '성공하려면 이래야 한다 저래야 한다'는 식으로 부추기고 그렇지 못하면 패배자로 취급하고 격

정스러운 눈으로 바라보기 일쑤다. 심지어는 능력마저 의심당하기 일쑤다. 만일 그러한 가치 기준이나 판단 없이 바라볼 수 있었다면 어땠을까? 있는 그대로 이해받지 못한 내향인들은 결국 주변의 부정적인 시선의 희생자가 되어 자존감이 떨어지고 스스로 문제를 키우는 안타까운 일이 반복되기도 한다.

그래서일까? 대부분의 내향적인 사람들은 자신의 성격에 만족하기보다는 언제나 더 나은 사람이 되고픈 열망을 품고 산다. 그리고 외향적인 성격으로 바꾸려는 노력들을 끊임없이 이어가기도 한다. 하지만 본래의 자기 성향을 부끄러워하거나 완전히 무시한 채, 무작정 정반대의 성격을 이상화하여 거기에 맞추려고 하는 것은 좋은 방법이라고 할 수 없다. 그렇다면 성격은 변화시킬 수 있을까?

이미 학계에서는 '타고난 성격은 절대 바뀌지 않는다'고 믿었던 통설이 깨진 지 오래다. 많은 연구들을 통해 나이를 먹으면서 터득한 다양한 경험들과 후천적인 노력으로 성격이 변할 수 있다는 사실이 드러났다. 앞에서 성격의 차이를 언급할 때 서로 다른 뇌 구조를 가지고 태어났다는 설명한 바 있다. 뇌 구조가 다른데 변화할 수 있다니, 믿을 수가 없 겠지만 충분히 가능한 일이다. 인간은 주어진 환경에 기가 막히게 적응하는 동물이라는 점은 부인할 수 없을 것이다. 뇌과학자들은 환경 변화에 적응하고자 할 때 새로운 신경망 이 자라난다는 것을 확인하였다. 이것이 바로 '뇌가소성의 원리'이다.

'뇌가소성neuroplasticity'이란 뇌가 열에 모양이 잘 변하는 플 라스틱 성질을 닮았다는 데에서 나온 말인데, 환경의 변화, 역할, 필요에 따라 스스로를 바꿀 수 있을 뿐만 아니라, 이러 한 적응 노력에 의해 뇌 구조 역시 바뀔 수 있다는 것을 의미 한다. 지나치게 외향적이고 쉽게 흥분을 하는 사람은 감정을 조절하는 법을 배우고 꾸준히 실천함으로써 어느 정도 침착 한 성격으로 바꿀 수 있고, 극도로 내향적인 사람도 자기를 주장하거나 거절하는 행동을 연습함으로써 조금씩 외향적으 로 바꿀 수 있다는 것이다. 외향성이나 내향성과 같이 기질 에 가깝다고 여겼던 성격 특성들조차도 꾸준한 연습과 훈련 을 통해 변화시킬 수 있다니 시도해볼 만하지 않은가.

2015년 네이선 허드슨Nathan Hudson과 크리스토퍼 프레일 리Christopher Fraley는 개인의 성격 변화에 관한 흥미로운 연구를 시도하였다. 성격을 외향적으로 고치고 싶어 하는 학생들을 모아 16주짜리 코칭개입 프로그램을 실시하여 실제 변화가 일어났는지를 확인하는 연구였다. 프로그램을 다 마친 뒤, 다수의 학생들에게서 변화가 나타났음을 발견하였다. 어떻게 가능했을까. 이들이 강조하는 변화의 핵심은 성격을 구성하는 세부적인 요소가 되는 특정 행동을 바꾸기 위해 특별한 계획을 세우는 것에 있었다. 그리고 16주라는 기간 동안 꾸준히 실천했기에 가능한 것임을 기억해야 한다.

우리도 시도해볼 수 있다. 내향성이라고 불리는 성격 특성의 하위요소들을 찾아서 바꿀 수 있는 특정 행동을 계획하고 꾸준히 실천한다면 가능하다. 예를 들어보자. '소심하다'라는 성격을 기술하는 형용사를 특정 행동으로 구체화해보는 것이다. 나는 나의 어떤 행동이나 모습을 보고 소심하다고 말하는 것인지 나의 행동들을 꼼꼼하게 관찰해보는 것부터 시작한다. 여러 행동들이 있겠지만, 그중 한 가지를 선택하여 이를 어떤 행동이나 모습으로 바꾸고 싶은지 구체적으로 정한다. 그리고 이를 언제, 어디서, 누구를 대상으로 할 것인지 구체적인 실행계획을 세워서 꾸준히 실천해보는 것이다.

소심한 성격을 단기간에 활발한 성격으로 바꾸고 싶다는 열망은 이루기 쉽지 않겠지만, 모르는 사람이나 친하지 않은 사람들에게 먼저 말을 걸어보기를 실천하는 것은 절대 불가능한 목표가 아니다. 버스나 택시를 탔을 때 택시기사에게 인사를 하거나, 엘리베이터를 탄 이웃에게 먼저 인사를 해보는 것, 학교나 학원에 내가 먼저 도착해서 뒤에 들어오는 친구들 한 명 한 명에게 "안녕"이라고 반겨주는 일과 같이 작은 행동 단위로 쪼개면 실천하기가 수월하다. 시작은 이렇게 작게 하지만, 장기간 꾸준히 노력을 하다 보면 충분히 변화는 가능하다.

오래된 친구들은 지금의 나를 보면 믿기지 않는다며 놀랍다고 표현한다. "네가 강의를 해? 네가 사무실을 차렸다고?" 기특해하고 자랑스럽다고 말한다. 그들의 기억 속에 있는 예전의 나의 성격으로 보았을 때 절대 불가능할 거라고 여겨왔다는 것을 의미한다. 나 역시 어릴 때는 지금의 내 모습을 상상조차도 못했다.

조용하고 남들 앞에 나서기 싫어하는 내가, 아니 그렇다고 굳게 믿었던 내가 나조차도 몰랐던 새로운 나를 발견하게 된

우연한 계기가 있었다. 남들 앞에서는 발표를 하거나 노래를 부른 적조차 없었던 내가 대학을 다니면서 의도치 않게 앞에 나서야 하는 순간들이 찾아왔다. 반 강제로 노래를 불러야 했고, 자기소개를 해야 했고, 발표를 해야 했다. 그 모든 게 새로운 경험이었다. 내가 노래를 잘 부르는 편에 속한다는 것도 대학에 들어와서 알았고, 발표를 해야 하는 순간에 생각보다 많이 떨지 않고 해낸다는 것을 알았다. 그 이후로 경험이 쌓일수록 남들의 시선이 그다지 부담스럽지 않다는 것을, 때로는 즐길 수도 있다는 것을 알게 되었다.

그렇다고 해서 완전히 외향적인 성격으로 변했다고 말하기는 어렵다. 외향성이 강한 사람들이 어떤 주제나 자리에 상관없이 사람들과 함께 이야기하고 공유하는 것 자체를 좋아하는 편이라면, 내향성이 강한 사람들은 목적이 있고 역할이 뚜렷한 자리에 있을 때 이야기하는 것을 더 좋아한다. 그래서 남들 앞에 서더라도 내가 준비한 내용을 전달하고자 하는 역할에 충실히 하려 했기 때문에 강의를 할 수 있었던 것이다. 이렇게 난 조금씩 내 성격에 대한 갇힌 생각에서 빠져나오기 시작했고, 내향적이지만 상황과 역할에 따라서 외향적으로 바뀔 수 있음을 꾸준히 실험하고 검증하는 과정을 밟고 있다.

당신도 성격을 변화시키고 싶은가? 그렇다면 무엇보다 배우고 노력하면 변화될 수 있다는 믿음을 가지는 것이 중요하다. 성격 역시 평생을 통해 경험으로 변화될 수 있다는 신념, 다른 말로 '성장-마음가짐growth mind-set'을 취하는 것이 우선이다. 《마인드셋》의 저자로 알려진 스탠퍼드대학교 사회심리학 교수 캐롤 드웩Carol Dweck이 사용한 말로, 저자는 인간의 재능뿐만 아니라 성격도 변화될 수 있다고 주장했다.

'죽었다 깨어나도 절대 변할 수 없어'라고 믿는 사람들은 변하고 싶다는 마음을 행동으로 옮길 엄두를 아예 내지 못하거나, 설사 행동으로 옮기더라도 꾸준히 유지하지 못할 가능성이 크다. 그리고 속으로 '역시 사람은 쉽게 바뀌지 않아'라며 자기 합리화하기 바쁠 것이다.

그러니 진정으로 성격을 변화시키고 싶다면, 일단 변화할 수 있다는 믿음과 희망을 가져보자. 그런 다음 성격 변화를 위한 구체적이고 현실적인 목표를 세우고, 더욱 효과적인 방법으로 단계적이고 지속적인 노력을 기울인다면 변화와 성장이 뒤따르게 될 것이다.

심리학자 윌리엄 제임스의 말로 생각을 유턴해보기 바란다.

"생각이 바뀌면 행동이 바뀌고, 행동이 바뀌면 습관이 바뀌고, 습관이 바뀌면 성격이 바뀐다."

당신의
강점을 찾아라

+

자신의 강점을 잘 알고 공부나 업무에 활용한다면

배움이나 일하는 속도가 빨라질 것이다.

즐거운 과정 속에서 좋은 결과를 얻게 되는 건

당연한 일일 수밖에 없을 것이다.

여러 번 강조했듯이, 내향성과 외향성은 더 이상 좋은 성격과 나쁜 성격을 구분 짓는 특성이 아니다. 다른 특성들과 조합해서 다양한 얼굴의 내향인과 외향인들을 보여줄 수 있고, 다소 불편한 부분이 있을 뿐 정상과 이상, 혹은 건강하고 불건강하다를 가리키는 지표가 될 수 없다. 오히려 성숙으로 가는 길을 고민하는 것이 더 바람직하다고 볼 수 있다. 그러려면 우선 '좋다', '나쁘다'라고 이분법적으로 판단하려는 편견 어린 시선부터 거두어야 한다. 어떤 성격 특성이든 장단점을 모두 가지고 있다. 다음으로는 행복하고 성숙한 삶을 이끄는 건강한 성격, 좋은 성격good character을 찾아서 이를 키우고 적극적으로 활용하는 것이 중요하다.

건강한 성격, 좋은 성격이란 무엇일까. 신경생물학자인 로버트 클로닝거Robert Cloninger는 '기질temperament'과 '성격 character'을 이렇게 설명한다. 그는 타고나는 기질보다는 환경과의 상호작용을 통해 후천적으로 길러진 성격의 중요성을 강조한다. 여기서 말하는 성격이란 자기주도성과 협동성, 자기초월성 세 가지를 포함하는데, 한 개인의 성격의 성숙도와 환경에의 적응 수준을 평가할 수 있는 긍정적인 성격 특성을 의미한다. 이러한 성격들은 선척적인 것이 아니라 후천적인 경험을 통해 길러지는 것이니 누구나 개발하고 발휘할 수 있는 성격 특성이다. 그러니 우리는 더 이상 자신의 타고난 기질 혹은 성격을 탓할 이유가 없다. 좋은 성격 특성들을 개발하려는 꾸준한 노력을 통해 얼마든지 건강하고 행복한 삶을 누릴 수 있기 때문이다.

그렇다면, 자기주도성, 협동성, 그리고 자기초월성은 무엇을 말하는 것일까? 자기주도성self-directedness이 높다는 것은 목표의식을 가지고 책임감 있게 일하며 자기 자신을 있는 그대로 수용하고 긍정적인 자기상을 가지고 있다는 점에서 주체적이고 자율적인 사람임을 의미한다. 협동성cooperativeness은 연대성이라고 부르기도 하는데 이것이 높다면 이타적이고 양심적이며 사람들을 수용하고 협력하여 긍정적이고 친밀한 관계를 맺고 있다는 것을 뜻한다. 마지막으로 자기초월성self-transcendence은 무사무욕, 초월적 동일시, 영성 수용을 포함하는 것으로 이것이 높은 사람은 좋아하는 일에 몰두하거나 삶의 신비와 경이로움을 경험하며 세계와의 일체감을 느낀다. 이 세 가지 중 그 어떤 특성도 외향성과 내향성의 구분과 관련이 없다.

긍정심리학자들이 말하는 성격강점도 주목할 만하다. 그동안 부정적이고 병리적인 성격들을 변별하고 진단하는 일에 초점을 맞추었던 심리학이, 21세기를 맞아 건강하고 좋은 성격에 눈을 돌리기 시작했다. 선한 영향력을 지닌 사람들에게 존경과 감탄을 보내는 요즘의 풍경과도 통한다고 볼 수 있다. 이러한 태도의 변화로 개발된 검사가 '성격강점 검사'디. 긍정심리학의 대가인 마틴 셀리그만Martin Seligman 교수를 비롯해서 다양한 분야의 학자들이 모여 최종적으로 24개의 성격강점을 선별하였다. 성격강점 검사를 통해 개인의 강점이 무엇인지 확인할 수 있고 이것을 삶에 적극적으로 발휘하고 활용하는 것이 자신의 성격 단점이나 약점을 고치려고 하

는 것보다 건강한 삶을 살아가는 데 있어 훨씬 효과적이라고
강조한다.

　24개의 성격강점을 간단히 소개하면 다음과 같다. 창의성,
호기심, 개방성, 학구열, 통찰/조망, 용감함, 인내, 진정성, 열
정/활력, 사랑, 친절, 사회지능, 시민의식, 공정성, 리더십, 용
서/자비, 겸손/겸양, 신중성, 자기조절, 심미안, 감사, 낙관성,
유머, 영성이다. 어떠한 강점이 눈에 들어오는가? 이들 중 가
장 점수가 높게 나온 상위 다섯 개의 성격강점을 다른 사람
들과 구분되는 대표적인 강점이라고 한다. 앞에서 확인해봤
지만, 여기에도 외향성과 내향성이라고 구분하는 어떤 명칭
도 없다. 외향성이든 내향성이든 상관없이 강점이 될 만한
특성들이 존재한다는 사실을 아는 것이 중요하다.
　아마 당신이 스스로 분석하기를 좋아하고 비판적인 내향
인이라면, 진짜 내 강점으로 받아들여도 되는지 꼼꼼하게 비
교하고 체크해보려는 경향 때문에 검사 결과에 대해서 의심
할 가능성이 짙다. 하지만 강점 맞다. 이 검사의 목적은 남들
보다 뛰어난 것을 찾거나 부족한 것을 찾는 것이 아니다. 다
른 강점들보다 높게 나온 대표적인 강점을 찾아 이를 활용하

려고 하는 것이 훨씬 도움이 된다는 것을 잊지 말자.

　이러한 관점에서 본다면, 방금 위에서 말한 내향성이 지니는 강점은 분석하고 스스로 생각하고 살피고 고심한 뒤에 결정하고 행동하는 '신중함'이라고 볼 수 있다. 이러한 특성을 강점이라고 인정하고 적극 활용하고자 할 때 삶이 달라질 수 있다. 또 한 가지 예를 더 들어보자. 만일 평소에 자연이나 문화, 예술작품에 아름다움을 느끼고 감동을 경험하는 것뿐만 아니라, 일상에서도 노을을 감상하거나 길가에 핀 이름 없는 들꽃에 마음을 빼앗긴다면, 아이들의 웃음소리와 환한 미소에 매료되고 다른 사람이 가진 탁월한 기술이나 장점을 예민하게 포착한다면 당신의 강점은 '심미안'일 수 있다.

　'심미안'이라는 강점을 발휘하여 일상 속에서 소소한 기쁨과 즐거움을 느끼며 만족할 수 있다면, 대단한 성취나 성공을 통해서나 행복을 느낄 수 있다고 믿는 이들을 부러워할 이유가 전혀 없지 않은가. 얼마 전에 만난 지인은 '심미안'이라는 강점을 잘 활용하며 살고 있었는데, 무엇이 자신을 가장 행복하게 하는지 정확하게 인식하고 이를 실천하는 사람이었다. 그녀는 자신이 좋아하는 재즈음악을 들으며 커피 한 잔을 즐기는 것이 하루 중 가장 큰 즐거움이고, 주말에는 자연과 함께할 수 있는 숲을 찾아 산책을 하거나 캠핑을 다니고, 아이들 방학 때마다 가고 싶은 도시나 여행지를 찾아 '한 달 살기'를 즐기고 있다.

여기서 그녀의 '호기심'이라는 강점도 추가로 확인할 수 있다. 새로운 정보와 지식, 경험을 얻고자 기꺼이 탐색하고 탐험을 하려는 심리적 성향을 '호기심'이라고 할 수 있는데 이 역시 성격강점에 해당한다. 그녀의 '호기심' 강점은 자녀 양육과 교육방식에도 영향을 미치고 있다. 남들 다 하는 강압적인 입시공부에 매달리게 하기보다는 사교육비를 줄여서 캠핑이나 여행을 통해 설레고 값진 인생공부를 선물하려고 한단다. 물론 이러한 선택이 옳다 그르다 판단할 수는 없다. 하지만 자신의 강점을 삶에 적극 활용하면서 산다는 것이 바로 이러한 것이라는 예시가 될 수 있다. 무엇보다 남들의 삶과 비교하지 않고 자신의 성향과 소신대로 삶을 살고 있다는 점이 멋지지 않은가.

이처럼 자신의 강점이 무엇인지 인지하고, 이를 잘 발휘할 수 있는 분야를 찾거나 어떤 분야이든 강점을 활용하려고 한다면, 배움이나 일하는 속도가 빠를 뿐만 아니라, 그 과정 역시 즐거울 테니, 좋은 결과를 얻게 되는 건 당연한 일일 수밖에 없다. 반면에 이러한 자신의 강점을 몰라보고, 부족하다고 생각하는 특성에만 초점을 둔다면 어떨까? 내향성에 대한 부정적인 편견 내지 오해에 스스로 갇혀, 언제나 자신은 무가치하고 별 볼 일 없는 '루저'라는 꼬리표를 피할 수 없을 것이다. 강점과 약점, 둘 중 어떤 것을 선택할 것인가는 이제 당신의 몫이다.

사람마다 각기 다를 뿐, 누구나 강점과 약점 모두 가지고 있다. 강점만 있는 사람도 없고, 약점만 가지고 있는 사람도 없다. 당신이 어떤 강점과 약점을 가졌든 그것은 당신이 고유하다는 증거이고, 존중받아 마땅한 존재라는 것을 의미한다. 그러니 약점을 가리거나 고치는 데 큰 에너지를 쓸 것이 아니라, 이왕이면 당신의 강점을 찾고 이를 살리는 데 초점을 두자. 훨씬 효율적일 뿐만 아니라, 정신건강과 삶의 질이 좋아지는 깃까지 덤으로 얻을 수 있다.

무너진 자존감 회복하기

'자존감自尊感'의 사전적 의미를 보면, 스스로 품위를 지키고 자기를 존중하는 마음이라고 쓰여 있다. 평가나 판단 없이 있는 그대로의 자기를 받아들이는 마음, 스스로를 소중히 하고 지킬 수 있는 힘이라고 할 수 있다. 즉 자기 자신과의 관계, 자기 자신을 어떻게 대하느냐의 태도와 관련이 깊다. 따라서 자존감을 높이려면, 자신을 대하는 태도를 바꾸는 것이라 할 수 있다. 자존감이 낮다고 좌절하지 말자. 자존감의 바탕이 되는 자기 수용 방법을 소개하니 꾸준히 실천해 보자.

- 있는 그대로의 나를 받아들이기

  우리는 '나' 자신은 물론이고 타인을 평가하고 판단하는 데 익숙하다. '잘났다 못났다', '잘한다 못한다', '옳다 그르다'는 식의 평가에서 비롯된 감정은 자신감이나 자부심이라고 부르는 게 맞지, 자존감이라고 말할 수 없다. 내 기분이나 상황, 능력에 따라서 나를 대하는 태도와 감정이

고무줄처럼 길어졌다 짧아졌다 변덕을 부리는 것은 자존
감이 아니다. 자존감은 내가 잘났든 못났든, 맘에 들든 맘
에 들지 않든, 그냥 있는 그대로의 나를 받아들이고 인정
하는 것이기 때문이다. 지금부터 '나' 자신에게 이렇게 말
해보자. "비록 지금 네가 ○○해서 마음에 들지 않고 속상
하지만, 나는 지금 이대로의 너를 깊이 이해하고 존중해."

- 남들과 비교하고 나를 비난하는 일은 멈추기

  자존감을 높이는 것이 왜 어려울까. 나를 평가하지 않고
  판단 없이 받아들이고 인정한다는 것은 누군가에게 그런
  대우를 받아본 경험이 있어야 자연스럽다. 안타깝게도 우
  리는 어릴 적 어떤 평가기준이나 조건에 맞추어야 부모나
  교사와 같이 주변에 중요한 이들로부터 인정을 받았나. 어
  떤 이는 긍정적인 인정을 많이 받아서 다행히 자존감이 높
  을 수 있지만, 많은 이들은 긍정적인 인정보다는 남들과의
  비교, 지적과 야단, 훈계를 많이 듣고 자라서 스스로에 대
  해 부정적으로 평가하고 자존감이 낮은 채로 성장한다. 자
  존감이 높다, 낮다는 태어날 때부터 정해지는 것이 아니

다. 자라온 환경에서 얼마나 존중과 인정을 받았는지에 따라 달라지는 것이다. 지금부터라도 남들과 비교해서 못난 부분을 지적하고 비난하는 일을 습관처럼 하고 있다는 것을 알아차렸다면, 무조건 'STOP'을 외치자. 지금부터라도 더 이상 나를 남과 비교하는 일은 하지 말아야 한다.

- 나의 성장을 가로막는 관계 정리하기

내가 자주 만나고 교류하는 사람들을 떠올려보면 어떠한가? 모두 소중한 인연이고 관계일 수 있으나, 함께 있는 시간이 즐겁지 않거나 편안하지 않다면 거리를 두자. 가장 친밀하고 가까운 사람일지라도 나에게 상처를 주고 나의 성장을 막는 방해꾼일 수 있다는 사실을 기억하자. 오랫동안 나를 봐왔다는 이유로, 마치 자신만큼 나를 아는 사람이 없다는 듯이 불필요한 조언과 지적을 하는 사람이라면 과감하게 선을 긋고, 나를 있는 그대로 수용해주고 지지해주는 사람들을 가까이 하자. 그들의 응원이 나의 자존감 회복에 힘이 되어줄 것이다.

- 무조건 나를 아끼고 존중하기

  당신이 아끼고 사랑하는 사람을 떠올려보라. 저절로 미소가 번지고 기분이 좋아지지 않는가? 왜 좋아하냐고 묻는다면 뭐라고 대답하는가? 특별한 이유를 열거하기보다는 대부분 "이유가 있어야 하나? 그냥 다 좋아. 너라서 좋아"라고 응답할 것이다. 나에게도 마찬가지다. 매일 일어나서 세수를 하거나 외출 전 거울 앞에 섰을 때 거울 속에 비친 나에게 살짝 미소라도 지어주자. 그리고 말해주자. "나는 네가 좋아. 그냥 너라서 좋아."

- 나의 감정에 귀 기울이기

  하루에도 수백 번 수천 번씩 여러 감정들 사이를 오고 간다. 내 안에서 일어나는 감정들에 의심을 품거나, 혹은 부정적이다 긍정적이다 평가하거나, 왜 그런 감정을 느끼는지 지나친 분석과 고민 없이 그저 일어난 대로 인정하자. 그리고 지금 이 순간 일어난 감정에 잠시 집중하고 느껴보자. 원치 않는 감정이라면 피하고 싶을 수 있다. 부드럽게 심호흡을 하며 느껴보자. 그리고 감정에 '이름'을 붙여

보고 친한 친구에게 말을 걸듯, 나의 감정에 말을 걸어보
자. 예를 들어, 화가 난 것이라면, "화가 났구나. 얼마나 화
가 났는지 알겠어. 무엇 때문인지 잘 모르겠지만 네가 화
날 만한 이유가 있을 거야. 내가 들어줄 테니 그게 무엇인
지 찬찬히 얘기해보자."

• 자기 격려하기

개인심리학의 창시자 '알프레드 아들러Alfred Adler'는 칭찬
과 격려를 구분하여 설명했다. 칭찬은 잘했다 못했다의 기
준을 가지고 능력을 평가하고 우수한 결과에 초점을 맞춘
다는 점에서 통제하려는 의도가 담긴 반면에, 격려는 능력
의 여부나 결과와 상관없이 더 나아지고자 하는 의지와 노
력, 숨겨져 있는 강점과 잠재력에 초점을 맞춘다. 격려는
스스로의 힘을 키워 더 나아가고자 하는 방향으로 용기를
북돋아준다는 점에서 자존감을 키우는 좋은 방법이다. 자
기 격려의 한마디를 떠올려보자. "괜찮아, 애썼어. 열심히
하고 있다는 것 내가 잘 알고 있어. 무엇을 이루었든 못 이
루었든 상관없어. 넌 지금 이대로도 충분해."

- 그 밖에 하루에 한 번씩, 바로 시작할 수 있는 '나'를 위한 작은 활동 리스트 작성하기.

  - 남에게 하듯이, 매일매일 나의 안부 물어보기.
  - 반가운 사람을 만난 것처럼, 나를 보고 미소지으며 웃어주기.
  - 남에게 친절과 관용을 베풀듯이, 친절하게 나를 대하고 나의 행동에 너그러워지기.
  - 좋아하는 사람의 마음이나 욕구에 관심을 두듯이, 내게도 지금 마음이 어떤지, 무엇을 원하는지 물어봐주고 한 가지씩 해보기.

_____

_____

_____

_____

_____

혼자 있어도 외롭지 않게

내성적이고 예민한 사람들을 위한 심리 수업

1판 1쇄 인쇄 2021년 8월 20일
1판 1쇄 발행 2021년 8월 30일

지은이 정교영
펴낸이 김성구

주간 이동은
콘텐츠본부 고혁 현미나 송은하 김초록 이슬
디자인 이영민
제작 신태섭
마케팅본부 최윤호 송영우 엄성윤 윤다영

펴낸곳 (주)샘터사
등록 2001년 10월 15일 제1-2923호
주소 서울시 종로구 창경궁로35길 26 2층 (03076)
전화 02-763-8965(콘텐츠본부) 02-763-8966(마케팅본부)
팩스 02-3672-1873 | 이메일 book@isamtoh.com | 홈페이지 www.isamtoh.com

ISBN 978-89-464-7385-0 03180

• 값은 뒤표지에 있습니다.
• 잘못 만들어진 책은 구입처에서 교환해 드립니다.

샘터 1% 나눔실천
샘터는 모든 책 인세의 1%를 '샘물통장' 기금으로 조성하여 매년 소외된 이웃에게 기부하고 있습니다.
2020년까지 약 9,000만 원을 기부하였으며, 앞으로도 샘터는 책을 통해 1% 나눔실천을 계속할 것입니다.